Antony Fedrigotti

Entspannung und mentales Training

Eine praktische Anleitung
zu mehr Wohlbefinden
und zur Selbstverwirklichung

AXENT-Verlag

Inhaltsverzeichnis

Vorwort

Ein Vorwort für einen Freund zu schreiben ist eine der schönsten und zugleich schwierigsten Aufgaben. Jedes Problem ist eine Aufgabe, die das Leben uns stellt, um uns selbst, unser „wahres Selbst" zu erfahren.

Es ist ein Geschenk des Lebens, gerade in dieser Zeit zu leben, denn dies ist eine der wichtigsten Zeiten auf dieser Erde. Geschenke aber verpflichten dazu, uns ihrer würdig zu erweisen. So haben wir hier und jetzt die Aufgabe, bewusst zu leben und die Verantwortung für uns selbst und auch für das Ganze zu übernehmen. Erkennen und nutzen Sie Ihre Chance, jetzt ein neues Leben zu beginnen, Ihr Leben bewusst zu gestalten und immer mehr Sie selbst zu sein, denn das ist der ganze Sinn Ihres Lebens.

In der Schule des Lebens kann sich keiner drücken, und jeder muss mitspielen, aber jeder kann in jedem Augenblick entscheiden, ob er als Spielfigur oder als bewusster Spieler teilnimmt. Lernen Sie vor allem, spielerisch zu leben, gehen Sie leicht und gelassen durchs Leben, und sagen Sie Ja zum Leben, denn das ist das ganze Geheimnis, um glücklich zu sein.

Ich bin glücklich, weil immer mehr Menschen erkennen, wer sie wirklich sind und was der wahre Sinn ihres Lebens ist, und freue mich, dass es Bücher wie diese gibt, die den Menschen helfen, zu sich selbst zu finden.

Nehmen Sie das Geschenk des Lebens an und nutzen Sie Ihre Chance.

Ich wünsche Ihnen das Beste für Ihren Weg, und Gott segne Sie!

Kurt Tepperwein

Einführung

Als ich 1981 die Selbsthypnose bei Kurt Tepperwein erlernt habe, begann für mich ein neues Leben. Ich erkannte, dass ich nicht von den Launen des Schicksals abhängig bin, sondern selbst mein Schicksal mitgestalten kann.

Die anfängliche Euphorie, das Schicksal zu beherrschen, wurde dann schnell gezügelt, als ich merkte, dass es harte Arbeit ist, den eigenen Charakter zu formen. Aber ich habe bisher noch nichts gefunden, was erstrebenswerter ist, als ein „Mensch unter Menschen" zu werden. Damit meine ich: weg vom marionettenhaften Verhalten, weg von dem, was die anderen wollen, und hin zu dem, was für einen selbst bestimmt ist. Zu leben bedeutet, eine Aufgabe zu haben. Indem wir dieser Aufgabe nachgehen, erfüllen wir unser Schicksal.

Machen Sie sich auf den Weg zum „Abenteuer Leben" und gestalten Sie es, mit Ihren Stärken und Ihren Schwächen. Erkennen Sie genetisch und karmisch bedingte Defizite und wandeln Sie diese in positive Aspekte um.

An dieser Stelle möchte ich meinen tiefen Dank all denen aussprechen, die mich auf meinem Weg unterstützt haben – als Vorbilder oder in Form von Vorgaben, Leitsätzen bezüglich dessen, „Wie es nicht sein sollte".

Ein besonderer Dank gilt meinen Freunden Kurt Tepperwein und Erhard F. Freitag, die mich in vielen guten Gesprächen angeregt und motiviert haben.

Dank auch allen meinen Seminarteilnehmern, die mir viele wichtige Hinweise gegeben haben.

Antony Fedrigotti

Einführung zur 5. Auflage

„Die Zeit vergeht so oder so ...“, diesen Satz gebrauche ich in meinen Vorträgen und Seminaren sehr häufig. Sie und ich erleben täglich, dass die Aussage stimmt: Ob Sie sich ärgern, sich freuen, ob Sie „vor sich hinleben“ oder bewusst durch das Leben gehen – die Zeit vergeht einfach ...
So sind seit der Ersterscheinung dieses Buches die Jahre vergangen, und Sie halten nun die fünfte Auflage in Ihren Händen. Wohl habe ich den Inhalt überarbeitet und aktualisiert, doch diese Ausgabe unterscheidet sich in einem wesentlichen Punkt kein bisschen von der ersten: Die Themen und die aufgezeigten Möglichkeiten sind heute genauso faszinierend wie vor dreizehn Jahren.
Dabei wird die Macht der Suggestion meines Erachtens immer noch von vielen Menschen unterschätzt oder ignoriert. Gerade in der Zeit des Multimedienrummels, der allgegenwärtigen Kommunikationstechnologien und der Überflutung mit Reizen und Informationen gewinnen Entspannung und mentales Training eine ganz neue Bedeutung.
Jeder muss seinen eigenen Weg finden, um sich orientieren zu können, anstatt einfach mitgerissen zu werden. Eine Voraussetzung hierfür ist, sich innere Ruhe und Gelassenheit zu bewahren oder zu schaffen. Ein weiterer Weg ist die positive Selbstbeeinflussung. Sie können sich selbst steuern – tun Sie dies nicht, macht es die Umwelt für Sie.
Tauchen Sie ein in die Welt der Selbstverwirklichung und denken Sie daran, „Die Zeit vergeht so oder ...“ – ob Sie sich passiv treiben lassen oder aktiv und selbstbestimmt leben.

Ich wünsche Ihnen viele Erkenntnisse
und Gottes Segen,

Ihr Antony Fedrigotti

www.fedrigotti.de, im Januar 2003

Leben Sie in Glück und Harmonie

Träumen auch Sie von einem Leben, in dem alles in Ordnung ist: Gesundheit, liebevolle Beziehungen, Freunde, viel Geld? Die Sehnsucht von uns allen ist ein Leben in Glück, Freude und Harmonie zu leben. Es stellt sich die Frage, warum es so wenigen zu gelingen scheint, dieses erstrebenswerte Ziel zu erreichen. Was ist eigentlich Glück, was Harmonie?
„Glück ist keine Glücksache", sagt mein Freund Professor Kurt Tepperwein. Glück kann als ein Zustand beschrieben werden, der in Ihnen ein erfreuliches, erwünschtes, angenehmes Gefühl erzeugt. Es ist eine innere Haltung, eine Haltung, die durch unsere Einstellung selbst bestimmt wird.
Was aber erzeugt dieses angenehme Gefühl, diese Einstellung in uns? Sind es Umstände, sind es Dinge, ist es das Verhalten von Menschen? Wann immer Glück mit äußeren Dingen verbunden wird, mit Materie, mit Besitz oder mit einem besonderen Verhalten von anderen, wird es nicht einfach sein, Glück zu empfinden. Denn wer Glück von äußeren Umständen abhängig macht, ist deren Sklave.

Menschen in armen Ländern scheinen manchmal glücklicher zu sein als wir in unserem Wohlstandsland. Während einer Reise auf Sri Lanka habe ich mich gerne mit den Mitarbeitern des Hotels unterhalten. Einheimische aller Schichten habe ich beobachtet und immer wieder festgestellt, welche Würde, welche Freude sie ausstrahlen. Es war bei den meisten ein besonderer Glanz in den Augen. Dabei haben sie nicht den Eindruck erweckt, als hätten sie materiellen Reichtum, im Gegenteil. Es war eine andere Art und Weise, das Leben zu sehen, die sich durch Sprache, Mimik und Haltung transportierte. Mit großer Achtung kam ich wieder zurück und dachte immer wieder darüber nach, wie das denn sein kann: Menschen, die wenig besitzen, strahlen mehr Lebensfreude aus als ich, der so viel hat. Ich sah mein Büro plötzlich mit ganz anderen Augen.

In der Arbeit war ich neu motiviert – ich wusste, ich konnte hier etwas bewegen, ich konnte etwas schaffen. Die Menschen dort hatten diese Möglichkeiten zwar nicht, trotzdem waren sie zufriedener. Das ständige Mehr-haben-Wollen verdrängt unser Empfinden für das bereits Erreichte. Unser Anheben der Ansprüche behindert das wirkliche Glücklichsein, denn unsere innere Motivation wird von zwei Gegensätzen angetrieben:

1. Wir wollen etwas haben, was wir noch nicht besitzen, oder
2. wir haben Angst, etwas zu verlieren, was wir bereits besitzen.

Es liegt also sehr an der Haltung, die wir einnehmen, denn es wird immer etwas geben, was wir haben möchten, oder wir können permanent in der Angst leben, das zu verlieren, was wir haben, z. B. Gesundheit, einen geliebten Menschen oder das ersparte Geld.
Glück hat zum geringsten Teil mit den äußeren Umständen zu tun. Glück ist eine Empfindung, ein Gefühl, das von unserer Einstellung, unserem Blickwinkel kommt. Dieses Gefühl können Sie jederzeit erleben, wenn Sie sich dafür entscheiden. Um dauerhaft Glück zu empfinden, braucht es keine Umstände, es braucht eine dankbare innere Haltung, ein Zufriedensein mit dem, was Sie erreicht haben, ein Genießenkönnen der derzeitigen Gegebenheiten. Es braucht Dankbarkeit für das, was Sie schon haben, und nicht Jammer über das, was fehlt. Dankbarkeit ist eine Energie, die glücklich macht.

Dankbarkeit ist das Gedächtnis des Herzens.
Jean-Baptiste Massilon

In diesem Buch erfahren Sie, wie Ihr Unterbewusstsein reagiert und welche Umstände Sie „anziehen“ können. Vielleicht erkennen Sie dann, dass das Beste, was Sie sich antun können, ist, ab sofort glücklich und zufrieden zu sein. Wenn Sie in dieser Haltung die Gesetze des Unbewussten richtig nutzen und diszipliniert an Ihren Zielen arbeiten, erreichen Sie alles schneller und leichter.
Erlauben Sie sich jetzt einmal, genau hinzuschauen und so objektiv wie möglich zu werten: Welche sind Ihre Grundwerte für Glück?

Ergänzen Sie spontan den nachfolgenden Satzbeginn mit mindestens fünf bis zehn Werten und lesen Sie erst weiter, wenn Sie die

Aufgabe beendet haben. Denken Sie daran, der erste Eindruck von einer Frage und das, was sie sofort auslöst, ist noch unverfälscht, vom Bewusstsein unzensiert.

Wirklich glücklich fühle ich mich, wenn …

Diese Werte bestimmen Ihr Verhalten. Was Sie hier herausgefunden haben, sind die „Bedingungen“ für Ihr Glück, Sie sagen „Das brauche ich dazu!“. Glück kann nur in der Gegenwart, im Augenblick gelebt werden. Ist dieser Augenblick vorbei, kommt er nie mehr wieder. Glück befindet sich nicht in der Zukunft, noch hat die Vergangenheit einen Einfluss darauf. Die Zukunft, auf die wir Sätze mit „hoffentlich“ projizieren, ist noch nicht da; die Vergangenheit ist schon vorüber und passé. Nur Ihre derzeitigen Gedanken entscheiden, ob Sie Glück empfinden oder nicht, egal wie die Vergangenheit war, denn sie kommt nie mehr wieder.

Wer ist glücklich?

Glücklich ist, wer mit der Vergangenheit Frieden geschlossen hat, bewusst in der Gegenwart lebt und freudig in die Zukunft blickt.
Glücklich ist, wer das, was er im Augenblick besitzt, genießt.
Glücklich ist, wer konstruktive Zufriedenheit in sich gefunden hat.
Glücklich ist, wer sich Glück erlaubt und die Wunder um sich herum erkennt.
Glücklich ist, wer anderen von Herzen Glück wünscht.
Glücklich ist, wer seine Arbeit als Segen sieht, genießt, und seine Fähigkeiten zum Wohle seiner Mitmenschen einsetzt.
Glücklich ist, wer Freude daran hat, anderen beim Erreichen ihrer Ziele zu helfen, ihnen beiseite zu stehen.
Glücklich ist, wer sich als Mensch den Luxus „Menschsein" leistet.
Glücklich ist, wer höhere Ziele hat, Ziele, die nicht mit Geld gekauft werden können.
Glücklich ist, wer sich so annimmt, wie er ist, und wer nicht nur älter, sondern auch weiser wird.

Ihr wahres Glück liegt in Ihnen. Sie haben bereits alles, um glücklich zu sein. Es ist Ihre Entscheidung, und ich beglückwünsche Sie, wenn Sie vieles davon bereits als selbstverständlich leben. In dieser schnelllebigen Zeit finde ich es umso wichtiger, eine glückliche Haltung einzunehmen, damit uns die Umstände nicht ständig in neue Fallen locken.

Das ganze Geheimnis, warum man sich unglücklich fühlt, besteht darin, dass man die Muße hat, sich zu überlegen, ob man glücklich ist oder nicht.
George Bernhard Shaw

Schritte, ein glücklicher Mensch zu werden

In diesem Buch erfahren Sie Techniken der Entspannung, die Ihnen helfen, direkt Ihr Unterbewusstsein zu erreichen. Die Übungen zeigen, wie Sie Ihr Unbewusstes gezielt programmieren, und bieten

daher enorme Möglichkeiten, Ihr Leben intensiv zu gestalten und zu bereichern. Diese Techniken sind nicht schwer, jeder kann sie erlernen und einüben.
Ich möchte Ihnen aber auch ein paar praktische Tipps geben, die Ihr Leben schon jetzt positiv verändern können; Schritte, die Sie täglich ohne großen Aufwand anwenden können, indem Sie bewusst auf einige Punkte achten.

1. *Helfen Sie anderen Menschen, ihre Ziele zu erreichen oder ihre Probleme zu lösen.*
   Bringen Sie Ihre Erfahrungen mit ein, und stellen Sie diese dem Wohle aller Menschen zur Verfügung. Ihr Vorteil davon ist, dass Sie in Lösungen zu denken lernen. Wenn Sie andere Menschen aufbauen, ihnen positive Impulse geben, bauen Sie sich selbst auf. Wer anderen hilft, bereichert die Welt. Sie haben Wissen, das Menschen nützlich sein kann, das ihnen Umwege erspart.
   Wer anderen hilft, hilft sich selbst am meisten.

> **Wer das liebt, was ihm begegnet, dem wird bald nur noch begegnen, was er liebt.**
> K.O. Schmidt

2. *Richten Sie Ihre Aufmerksamkeit immer gezielter auf alles, was Ihnen gefällt.*
   Widersetzen Sie sich nicht Problemen oder Schwierigkeiten, denn dadurch erhalten diese mehr Energie, als sie verdienen. Fragen Sie sich: Was ist in dieser Situation gut? Worin liegt der Vorteil der Geschehnisse? Sie werden entdecken, dass Sie in allem etwas Gutes finden können.

3. *Sprechen Sie nie schlecht über andere.*
   Wenn Sie über Ihre Mitmenschen etwas sagen müssen, dann äußern Sie sich sachlich und nicht emotional. Äußern Sie über andere nur das, was Sie ihnen auch direkt ins Gesicht sagen würden. Denken Sie daran, Worte sind Energie, und alles, was Sie denken, durchläuft einen Prozess in Ihrem Inneren. Äußerungen zeigen Ihren Charakter; wie Sie sich über andere äußern, zeigt Ihre wahre Größe.

> **Wer dem Glück hinterherhetzt, verpasst es.**
> Sprichwort

4. *Stehen Sie zu Ihrer Meinung.*
   Sie müssen es nicht allen Menschen recht machen. Das können Sie sowieso nicht, denn jeder macht sich sein Bild aufgrund seiner Erfahrungen. Und da jeder Mensch natürlicherweise andere Erfahrungswerte hat, ist die Sicht und Beurteilung unterschiedlich. Achten Sie einfach darauf, dass Sie niemandem schaden. Der Maßstab sollte sein, dass das, was Sie tun oder sagen, stets zum Wohle aller ist (und das schließt Ihr eigenes mit ein).
   Wer ständig seinen Standpunkt ändert, kann keine Position beziehen.

5. *Ersetzen Sie Hass durch Liebe.*
   Da Hass immer dem, der ihn empfindet, schadet, sollten Sie schon aus Eigennutz nur Gutes fühlen. Hass nagt an Ihrer Seele, lässt Sie schneller altern und schadet Ihnen rundum. Also warum etwas tun oder fühlen, das mehr Nachteile als Vorteile bringt?

Glück ist im Grunde genommen nichts anderes als der Zustand, wenn man aus ganzem Herzen in eine bestimmte Richtung geht.
W.H. Sheldon

6. *Üben Sie Ihre Arbeit mit Liebe und Hingabe aus.*
   Geben Sie Ihr Bestes. Sie wissen ja, die Zeit vergeht so oder so. Ob Sie „Dienst nach Vorschrift" machen oder ob Sie mit Begeisterung und Liebe Ihre Arbeit ausführen, die Zeit ist dieselbe. Die Wirkung auf Ihr Gemüt ist aber vollkommen unterschiedlich. Freude und Liebe bringen Energie und Kraft.

Wir müssen das Leben lieben, schon der Arbeit wegen, die man darin entfalten kann.
Auguste Rodin

7. *Schaffen Sie sich Grundwerte, an denen Sie Ihr Leben ausrichten.*
   Ihre Werte sollen die Eckpfeiler Ihres Verhaltens und Ihrer Persönlichkeit sein. Stellen Sie mehrere Lebensmaxime auf, wie
   - Ehrlichkeit
   - Gerechtigkeit
   - Gewaltlosigkeit
   - Freude
   - Harmonie
   - Liebe …

Schaffen Sie sich Gebote, an denen Sie Ihr Verhalten messen und ausrichten. Ihr Unterbewusstsein „hört" sowieso die ganze Zeit mit und ist bereit, alles bedingungslos anzunehmen, womit Sie es füttern. Geben Sie ihm positive Werte vor, wird es sich daranmachen, diese täglich umzusetzen.
Betrachten Sie das Leben als ein Spiel. Ein Spiel, das wunderbar sein kann, weil Sie es beherschen. Entweder bestimmen Sie die Spielregeln, oder Sie werden bestimmt. Ihre Grundwerte bestimmen die Spielregeln, nach ihnen richten Sie sich bewusst oder unbewusst aus. Sie können für Ihr Familienleben, für Ihren Beruf, für Ihren Sport, für jeden Bereich persönliche Grundwerte bestimmen.

Glück ist ein Parfum, das man nicht über jemanden verschütten kann, ohne selbst etwas davon abzubekommen.
Ralph Waldo Emerson

Den Augenblick genießen

Im Augenblick leben und sich an allem erfreuen, was Sie im Moment haben, ist die beste Voraussetzung für ein wunderbares, glückliches Leben. Empfinden Sie Glück, und denken Sie immer daran: Sie brauchen keinen besonderen Grund, um sich glücklich zu fühlen. Sie brauchen die Entscheidung dazu, egal, wie die Umstände sind.
Kennen Sie die Situation, dass Sie viel arbeiten und ein schlechtes Gewissen haben, weil Sie zu wenig Zeit für die Familie haben? Oder dass Sie zu Hause bei den Kindern sind und mit den Gedanken bei der Arbeit? Viele Menschen fühlen sich immer am falschen Platz. Das kostet Zeit, Energie, nagt an der Seele und bringt nur Nachteile. Sollten Sie solche oder ähnliche Empfindungen kennen, empfehle ich Ihnen aus eigener Erfahrung: Lernen Sie, im Augenblick zu leben. Wenn Sie arbeiten, dann ganz und intensiv, wenn Sie Sport treiben, dann ganz bewusst, wenn Sie mit einem Menschen sprechen, dann uneingeschränkt, und wenn Sie bei Ihrer Familie oder den Kindern sind, seien Sie ganz, körperlich und geistig, anwesend. Dazu ein paar Hinweise, die Ihre Sichtweise vielleicht etwas ändern können.

So leben Sie im Augenblick

1. *Akzeptieren Sie jeden Augenblick als ein Geschenk.*
   Das ganze Leben besteht aus einer Kette von Augenblicken. Und jeder Augenblick ist einmalig. Ist er vorbei, kommt er nie mehr wieder; gleich ist schon der nächste da. Erfreuen Sie sich an jedem Augenblick, und leben Sie ihn ganz bewusst. Es geht um Ihren Zustand, um Ihr Gefühl. Wie schnell kann es vorbei sein? Manche sehen vieles als selbstverständlich an, bis es eines Tages gar nicht mehr selbstverständlich ist. Der Augenblick ist das einzig Wichtige, das Sie leben, nicht das Nachher, nicht das Vorher.

2. *Ringen Sie jedem Augenblick den größtmöglichen Vorteil ab.*
   Egal, was Sie gerade tun, es ist in diesem Augenblick das Wichtigste. Warum sonst würden Sie es tun? Sie sollten einen Vorteil aus der augenblicklichen Aufgabe oder Situation ziehen. Daher bitte ich Sie: Genießen Sie jeden Moment, richten Sie die ganze Aufmerksamkeit darauf, um dann zum nächsten Abschnitt überzugehen. Es ist nicht immer einfach, und doch der Mühe wert.

3. *Machen Sie sich einen Plan statt Sorgen.*
   97 % der Sorgen, die wir uns machen, treffen nie ein. Im Klartext: 3 % treffen ein, und derentwegen lassen wir uns den Augenblick vermiesen. Warum sind viele so unglücklich? Weil sie sich über den derzeitigen Zustand beunruhigen, so viele Sorgen machen, dass das Pech richtiggehend angezogen wird. Anstatt die Gedanken laufend mit dem zu beschäftigen, was sowieso nie eintritt, ist es besser, Sie machen sich einen Plan. Planen Sie Zeit, Tag und Aktivitäten, und Sie werden sich weniger Sorgen machen. Sie haben gar keine Zeit dazu. Sie sind dann damit beschäftigt, die Ziele zu erreichen, und lenken Ihre Aufmerksamkeit auf das, was Sie wollen. Wenn Sie argwöhnen, Sie würden sich mit dieser Methode selbst belügen, dann schlage ich Ihnen das Rezept eines erfolgreichen Millionärs vor, der sagte: „Malen Sie sich die Situation mit dem schlimmsten Ergebnis aus, akzeptieren Sie das Ergebnis, und sorgen Sie dann dafür, dass genau das nicht eintritt."

> **Der Weg zum Glück besteht darin, sich um nichts zu sorgen, was sich unserem Einfluss entzieht.**
> Epiktet

4. *Lernen Sie aus Ihren Fehlern, und vergessen Sie diese dann.*
Die Vergangenheit liegt hinter uns. Sie ist unser Kapital, weil es unersetzliche Erfahrungen sind. Sie werden allerdings zum Ballast, wenn wir sie laufend im Kopf behalten und vielleicht sogar noch Wut im Bauch haben. Jeder Fehler war für Sie eine Bereicherung, wenn Sie ihn nicht mehr wiederholen. Vergessen heißt nicht verdrängen, sondern erinnern ohne Emotionen, ohne irgendeine Empfindung. Betrachten Sie einen Fehler als Hilfe, als Erkenntnisquelle, um derartige Situationen besser zu meistern. Nur mit dieser Haltung hat jeder „Fehler" seinen Wert. Es gibt dann keine Fehler im herkömmlichen Sinn, sondern nur noch nützliche Erfahrungen. Sehen Sie auch: Sie machen niemals bewusst Fehler, vielmehr versuchen Sie, das Beste aus einer Situation herauszuholen, eben das, was Ihnen im Moment möglich ist. Manchmal allerdings reicht dieses „Beste" nicht aus.

> **Die meisten unserer Fehler sind verzeihlicher als die Mittel, die wir anwenden, um sie zu verbergen.**
> La Rochefoucauld

5. *Seien Sie offen für eine neue Realität.*
Die neue Realität ist bereits im Werden. Sie brauchen nur den Fuß von der Bremse zu nehmen, und Sie werden Neues erleben. Das Leben ist ständig im Fluss mit immer neuen, interessanten Herausforderungen. Das Festhalten an früher, an der guten, alten Zeit, an dem bereits Vergangenen kann Sie hindern, Neues zu erleben. Das Leben ist grundsätzlich auf Entwicklung ausgerichtet. Stillstand gibt es nicht. Konzentrieren Sie sich auf die Aufgabe und nicht auf das Vergnügen des Augenblicks. Kennen Sie die Aussage „Ich habe gerade keine Lust" oder „Das ist mir zu mühsam, ich möchte lieber etwas anderes machen"? Wenn Sie Ihre Ziele entschieden haben, dann ist es wichtig, nicht immer auf Ihre Lust oder Stimmung zu schauen. Ihr Ziel sollte Sie so motivieren, dass Sie voll dabei sind. Etwas Disziplin zu halten ist für jeden möglich. Wer immer nur das tut, worauf er gerade Lust hat, hat keine Ziele, keine Visionen, wird somit von seinen Launen gelenkt. Jeder Beruf hat viele Seiten, die nicht so erfreulich sind, und trotzdem gehören sie dazu. Sie wissen ja, das Große kann

> **Disziplin ist der wichtigste Teil des Erfolges.**
> Truman Capote

nicht ohne das Kleine erreicht werden. Daher sollten Sie jede Aufgabe mit Konzentration und Hingabe ausführen, wissend, dass es Ihrem großen Ziel dient.

6. *Verlangen Sie nicht von sich, in allen Punkten perfekt zu sein.* Eine Rose ist eine wunderbare Blume, die sehr angenehm duftet. Aber sie kann Sie mit ihren Dornen verletzen, wenn Sie sie nicht richtig anfassen. Mit dem Erleben des Augenblicks ist es dasselbe. Jeder Augenblick ist einmalig, wenn Sie ihn anzufassen wissen.
Wir leben in einer Zeit, in der erwartet wird, dass wir perfekt sind. Vermeintlich gilt, alles zu beherrschen, keine Fehler zu machen. Dies lässt sich aber nicht verwirklichen. Ich lerne in meiner Freizeit Englisch. Wann immer sich die Gelegenheit bietet, spreche ich ein paar Wörter Englisch, als Scherz, als Antwort oder einfach eingestreut in eine Unterhaltung. So habe ich einmal eine Freundin auf Englisch angesprochen, und sie antwortete mir in Deutsch. Ich blieb beim Englisch, worauf sie mir erklärte, dass sie sehr viel verstehe, aber mit dem Sprechen Probleme habe. Auf meine Frage, wie sich das bessern solle, wenn sie die Sprache nie anwendet, meinte sie: „Stimmt, aber …“ Und so geht es vielen Menschen. Nach dem Motto: Erst wenn ich perfekt bin, mich nicht mehr blamieren kann, spreche ich Englisch. Doch so kommt es nie zur Perfektion.

Wer sich perfekt fühlt, verhindert, dass er besser wird.
Unbekannt

Erlauben Sie sich, auf dem Weg die Freiheit zu genießen, Fehler zu machen, und lernen Sie daraus. Ich habe noch niemanden getroffen, der perfekt ist, aber ich habe schon viele nette und freundliche Menschen getroffen, die sich bemühen, an sich zu arbeiten.
Wer den Augenblick verpasst, verpasst das Leben. Nicht morgen, einzig jetzt ist der Augenblick, in dem Sie die Macht haben, eben diesen zu beeinflussen.

Das Gesetz von Ursache und Wirkung

Die folgenden Fragen stellen sich viele Menschen: „Warum passiert das gerade mir? Warum fällt anderen immer alles in den Schoß, während ich hart dafür kämpfen muss?" Die Ansichten sind sehr geteilt – während manche die Meinung vertreten, ihr Schicksal sei vorherbestimmt, sind andere überzeugt, dass sie alles selbst bestimmen können. Meine Erfahrung ist, beide haben Recht. Wir können sehr viel beeinflussen und doch nicht alles. Es gibt Grenzen. Sie selbst können all das erreichen, was Sie sich vorzustellen vermögen und wofür Sie bereit sind, den Preis zu bezahlen. Die Ursachen setzt jeder von uns selbst, Augenblick für Augenblick. Es ist fatal, sich einem mutmaßlichen Schicksal völlig ausgeliefert zu fühlen.

Doch wo sind die Grenzen der freien Entscheidung? Natürlich wird sich niemand Krankheit oder Leid als Ziel setzen. Und trotzdem hat alles seine Vorzeichen, die Sie selbst zu bestimmen lernen sollten. Ich glaube daran, auch wenn ich es nicht logisch begründen kann. Es hat für mich viel mit Gerechtigkeit zu tun: Wer sollte bestimmen, dass es Ihnen schlecht, Ihrem Nachbarn gut geht? Wer sollte bestimmen, dass Ihr Arbeitskollege aufsteigt, Sie übergangen werden? Wer sollte bestimmen, dass jemand laufend krank ist, andere hingegen, die sich überhaupt nicht um die Gesundheit kümmern, ja sogar Raubbau treiben, gesund sind? Entsagen Sie der Selbstbestimmung, so ist Ihr Leben zu Ende, ehe es richtig begann!

Nur wer die Verantwortung übernimmt, kann die Ursachen bestimmen.

Das Ergebnis der immer wieder gesetzten geistigen, seelischen und körperlichen Ursachen erleben wir meist kumuliert. In der Bibel steht: „An ihren Früchten sollt ihr sie erkennen."

So werden die äußeren Bedingungen zum Spiegel unserer inneren Haltung, denn unsere innere Haltung ist ein Energiefeld, das das Äußere magnetisch anzieht.

Das „Arrangement" der Gegebenheiten, das Wahrnehmen, Sichten und Wählen von Faktoren erfolgt mit unseren Gedanken, unseren Gefühlen und natürlich unseren Taten. An den Ereignissen sehen wir, was wir geschaffen haben. Damit meine ich nicht nur das Materielle, sondern vor allem die Ausprägung der Persönlichkeit. Jede Handlung zieht eine Folge nach sich. Daher sprechen viele auch von der „sich selbst erfüllenden Prophezeiung". Damit ist nichts anderes als das Gesetz von Ursache und Wirkung gemeint.

Alles, was Sie ständig bzw. wiederholt in Ihrem Bewusstsein halten, zieht eine Kette von Folgen nach sich.

Jeder erfolgreiche Mensch weiß, dass der Erfolg nur die Frucht intensiver Arbeit ist. Oder haben Sie schon einmal von einem erfolgreichen Menschen gehört: „Das ist mir einfach zugefallen"? oder „Auf einmal war ein Geschäft da, die Kunden kamen und alles lief einmalig, ich hatte nur so die Idee, und alles andere kam von alleine"? Wohl kaum. Doch bestimmt ist Ihnen Folgendes zu Ohren gekommen: „Ich hatte nie eine Chance, die Umstände waren schlecht", „Die wirtschaftliche Lage hat es nicht erlaubt", „Es hat nicht sein sollen". Übrigens ist die Aussage „Es hat nicht sein sollen" die einfachste und bequemste, daher billigste.
Redet sich jemand laufend ein, dass ihm etwas nicht zustünde, dass nichts klappen würde, sowieso alles schief ginge, dann sind dies intensive Impulse, die auf Erfüllung drängen. Wie Sie denken, wie Sie fühlen und wie Sie handeln – alles, wirklich alles zählt. Dabei gibt es kein Schummeln. Wenn Sie etwas ablehnen, ziehen Sie es an, da Sie so ungeheuer viel Energie und Augenmerk darauf richten. Wenn Sie sich etwas wünschen, ziehen Sie es an, da es im Vordergrund steht, es für Sie zur Normalität wird, „zu Ihnen gehört". Nichts geschieht zufällig, auch wenn es manchmal den Anschein hat.

Zu-fall ist das,
was mir aufgrund meines Verhaltens zufällt.
Kurt Tepperwein

Voltaire sagte: „Zufall ist ein Wort ohne Sinn; nichts kann ohne Ursache existieren." An jedem Menschen liegt es selbst, seine Lebensenergie richtig einzusetzen. Er muss dieses Potenzial nur erkennen. Wenn er dies bewusst tut, dann hat er seinen Platz mit ungeahnten Entfaltungsmöglichkeiten gefunden.

Sie haben einen freien Willen, der Ihnen die Kraft gibt, Ihre Energie positiv aufbauend oder negativ zerstörend einzusetzen. Wir haben den Kopf auf dem Hals, damit wir das Denken in jede Richtung lenken können. Es beginnt mit den eigenen Gedanken. Beherrschen Sie Ihre Gedanken, beherrschen Sie Ihre Handlungen. Beherrschen Sie Ihr Denken und Ihr Handeln, beherrschen Sie Ihr Schicksal.
Ihr Leben hat wie ein Tresor eine bestimmte Zahlenkombination. Tippen Sie die Zahlen richtig ein, öffnet sich die Tür, Sie erhalten Zugang zu den verwahrten Schätzen; wenn nicht, bleibt sie verschlossen. Tippen Sie zwar die richtigen Zahlen, aber in der falschen Reihenfolge, öffnet sich die Tür auch nicht. Es liegt an jedem Einzelnen von uns, die eigene, persönliche Zahlenkombination zu finden und sie entsprechend anzuwenden.
Sie werden daher in diesem Buch viele Übungen finden, die es Ihnen ermöglichen, Ihr Denken zielgerichtet zu steuern.

Das Gesetz von Ursache und Wirkung ist unpersönlich

Das Gesetz von Ursache und Wirkung wird gesteuert von der Energie, die Sie senden, egal, wer Sie sind oder wie Sie sich damit fühlen. Dieses Gesetz unterstützt Sie, wenn Sie es für sich einsetzen, und schadet Ihnen, wenn Sie gegen sich arbeiten. Die Ursachen sind immer Ihre Gedanken, Ihre Gefühle und Ihre Handlungen. Dieses Gesetz wird häufig missverstanden. Manche verstehen darunter, von der Willkür irgendeiner Macht abhängig zu sein, dem vorhin angesprochenen Schicksal unentrinnbar ausgeliefert zu sein. Andere finden tolle religiöse Erklärungen dazu. Sie sind dem Gesetz tatsächlich ausgeliefert. Aber: Sie setzen die Ursachen, niemand anderer. Sie haben jederzeit die Wahl, anders zu denken, anders zu fühlen, anders zu handeln. Sie sind die Ursache. Für manche klingt das wie eine Bedrohung, für andere wie eine Befreiung. Überlegen Sie bitte – wenn es an Ihnen liegt, dann ist einzig die richtige Fragestellung wichtig:

Schicksal ist weniger vom Glück als von Entscheidungen abhängig.

Wie lerne ich, diese Möglichkeit positiv und gewinnbringend für mich einzusetzen?

Was kann ich tun, damit ich ein Leben in Glück, Gesundheit und Freude verbringe?

Ich versichere Ihnen, das Leben macht aus dieser Perspektive immer mehr Freude und Spaß. Es ist ein richtig spannendes Abenteuer.

Sie bestimmen Ihre eigenen Spielregeln.
Das Grundgesetz ist klar, den Rest bestimmen Sie. Haben Sie die Spielregeln gewählt, können Sie diese für oder gegen sich einsetzen. Mit mentalem Training beeinflussen Sie Ihr Unterbewusstsein so, dass Sie auf der Ursachenebene programmieren. Sie gestalten von innen nach außen. Der Schlüssel zur aktiven Schicksalsgestaltung ist Ihr Unterbewusstsein und dessen aktiver Einsatz. Je klarer Sie wissen, was Sie wollen, und je mehr Gefühl Sie in diesen erwünschten Endzustand investieren, umso schneller werden diese Ziele erreicht.

> **Viele Menschen verstehen unter Denken nur die Umgruppierung ihrer Vorurteile.**
> William James

Warum scheitern so viele, die nur positiv denken? Weil in ihnen ein konträres Gefühl vorherrscht. Wenn Sie Erfolg haben möchten, gleichzeitig aber beim Gedanken daran ein komisches Gefühl haben, werden Sie nur ganz langsam Ihr Ziel erreichen. Das Gefühl ist der Stoff, die Nahrung der Visualisierung. Egal, wie gut Ihre Vorstellungskraft ist, wenn Sie das Gefühl intensiv einsetzen, werden Sie alles schneller und leichter erreichen.

Wie ist es möglich, dauerhaft gute Gefühle zu erzeugen?
Schaffen Sie sich positive Auslöser. Verbinden Sie verschiedene Ereignisse mit positiven Ankern. Wenn Sie spazieren gehen, atmen Sie bewusst Freude ein und Stress aus. Wenn Sie arbeiten, erzeugen Sie immer wieder Gefühle der Hochstimmung, dass Sie arbeiten dürfen. Ihr Unterbewusstsein hat keine Möglichkeit der Unterscheidung. Alles, was Sie denken, sich einreden, fühlen, nimmt es ohne Widerspruch an. Erzeugen Sie also

> **Man soll Denken lehren, nicht Gedachtes.**
> Gurlitt

immer gute Gefühle, als ob bereits „alles in Ordnung" wäre. Sie werden erleben, dass es damit auch schneller und besser „in Ordnung kommt".

Viele Seminarteilnehmer meinen, es sei sehr schwierig, Gefühle zu beherrschen. „Die Gefühle sind einfach da", lautet häufig die Aussage. Bitte beachten Sie folgenden Satz:

> Ich *habe* ein Gefühl, ich *bin nicht* das Gefühl.

Was ich habe, kann ich auch jederzeit wieder loslassen, aber was ich bin, ist eine Frage der Identifikation. „Ich bin ein Mensch, und ich habe Gefühle."

Hieraus leitet sich auch schon die Aufgabe ab: Loslassen. Beschäftigen Sie sich mit dem Gefühl, das Sie weiterbringt, nicht mit dem, das Sie hindert. Negative Gefühle dürfen kein Dauerzustand sein. Gefühle sind erlebte und eingespeicherte Erfahrungen. Sie sind ein automatischer Auslöser, der so lange funktioniert, bis Sie den Platz anders belegen. Sie allein entscheiden, worauf Sie Ihre Aufmerksamkeit richten. Sicher werden Sie sagen, das sei nicht so leicht. Ich möchte entgegenhalten, dass es auch nicht leicht ist, das Negative zu ertragen und keine Lösung zu finden. Daher empfehle ich Ihnen dringend: Entscheiden Sie sich für sich und für positive, aufbauende Gefühle. Mit gezieltem Programmieren haben Sie großartige Möglichkeiten, Haupt- und Nebenrollen in Ihrem Unterbewusstsein gleich einem Regisseur mit neuen Auslösern zu belegen. Ziel sollte sein, dauerhaft glücklich, freudig, aktiv und gesund zu sein.

Eine neue Einstellung zu Problemen

Im mentalen Bereich gibt es kein Problem, sondern nur Ursache und Wirkung. Damit etwas als Problem erkannt wird, muss es auf fruchtbaren Boden fallen, den „Problemboden". Die meisten Dinge sind zunächst „Ist-Zustände", es sind Herausforderungen oder Situationen, die zu bewältigen sind. Es liegt daher immer im Wesen des Betrachters, wie eine Situation ausgelegt wird – als Problem, als Zustand, als

> **Die meisten Menschen wenden mehr Kraft an, um die Probleme heranzureden, statt sie anzupacken.**
> Henry Ford

Falle oder als Herausforderung. Stellen Sie sich für ein paar Augenblicke vor, Sie könnten ein Leben ohne jedes Problem führen. Alles würde von alleine funktionieren. Wäre das nicht schön? Sicherlich, für einen Augenblick ja, aber es wäre gleichzeitig der größte Fluch, denn es würde uns in Apathie versetzen. Wir würden aufhören zu lernen und nur noch dahinvegetieren. Kennen auch Sie Menschen, die alles besitzen, Geld, Macht, die berühmt sind und trotzdem total unglücklich? Warum? Ich meine: Weil sie keinen Lebenssinn erkennen.

Wir lernen und entwickeln uns meistens durch Druck. Durch Probleme werden wir gezwungen, unseren geistigen Horizont zu öffnen, wir werden regelrecht zum Lernen genötigt. In der Schule, weil wir sonst schlechte Noten bekommen, im Beruf, weil wir ansonsten keine gute Stellung erhalten. Geistig, weil wir sonst immer dieselben Schwierigkeiten hervorrufen. Das ganze Leben ist ein einziger Lernprozess, daher sollten wir auch unsere Einstellungen zu Problemen korrigieren und die Lektion erkennen. Dann kann hinter der Belastung oder Anstrengung die Belohnung in Form von Erkenntnis aufscheinen.

Man ist entweder Teil der Lösung oder Teil des Problems. Ich habe mich für Ersteres entschieden.
Michael Gorbatschow

Ein Problem ist also erst dann ein Problem, wenn wir es dazu machen. Ansonsten ist es einfach eine Situation. Vielleicht eine etwas unangenehme, aber eine „Ist-Situation". Entsprechend unserer Einstellung, ob wir positiv oder negativ denken, konzentrieren wir unsere Energie darauf. Erst durch unsere Betrachtung wird es entweder zum Problem oder zur Aufgabe. Wir müssen uns immer vor Augen halten, dass es keinen Zufall gibt und dass jedes Problem für unsere Entwicklung hilfreich sein kann, wenn wir es zulassen. Wenn Sie sich aber selbst bemitleiden und des Öfteren denken: „Das schaffe ich nicht!", „Ich kann das nicht!", „Warum gerade ich?", „Hoffentlich bekomme ich keine Schwierigkeiten!" oder „Das Schicksal ist ungerecht!", dann ist es an der Zeit, Ihre Einstellung gründlich zu überprüfen. Ihr Unterbewusstsein unterscheidet bekanntlich nicht zwischen Einbildung und Realität. Aufgrund des Resonanzgesetzes zieht es genau das an, was Sie erwarten.

Positives Denken kann bei jedem auftretenden Problem bewiesen werden. Mentales Training hilft, damit sich die Ereignisse nicht wiederholen. Stellen Sie sich die endgültige Lösung des Problems vor und programmieren Sie diese. Sollte das Problem zu komplex sein, dann unterteilen Sie es in Teilschritte. Es liegt an Ihrer Vorstellungskraft und Ihrem Glauben, wie stark Sie Ihr Problem unterteilen müssen. Achten Sie darauf, dass jede festgelegt Teillösung erstrebenswert ist, für Sie geistig erfüllbar und vorstellbar ist. Achten Sie auch darauf, dass das Erreichen eines Teilschrittes für sich alleine schon ein Erfolg ist!

Wenn Sie also das Zwischenziel erreicht haben, sollten Sie sich bereits bedeutend besser fühlen. Arbeiten Sie mit einer Checkliste Ihre Teilschritte heraus. Machen Sie sich nichts vor, indem Sie sagen: „Ab morgen ist alles anders.“ Diese Aussage bewirkt, dass es wahrscheinlich keinen Schritt vorangeht. Gehen Sie lieber nüchtern an die Aufgabe heran und machen Sie sich einen Plan, von Lösung zu Lösung.

Denken Sie in Bildern und entwickeln Sie jeweils ein wunderbares, aufbauendes Gefühl dazu.

Setzen Sie sich Ziele

Beim mentalen Training ist es äußerst wichtig, Ziele klar zu definieren. Alles, was Sie sich denken und vorstellen können, können Sie auch programmieren. Verhaltensweisen lassen sich wunderbar mit diesen Techniken ändern.

> **Wenn du nicht weißt, wo du hingehst, wirst du möglicherweise sonstwo ankommen.**
>
> Laurence J. Peter

Normalerweise arbeiten Sie mit Ihrem Unterbewusstsein, um zu einem Ergebnis zu kommen. Sie tun es nicht einfach so, sondern Sie verbinden ein Ziel damit, schließlich möchten Sie etwas konkret Wahrnehmbares erreichen. Vielleicht möchten Sie Ihr Potenzial voll leben, glücklicher sein oder mehr Erfolg haben. Aus diesem Grunde ist es wichtig, im Detail zu entscheiden, was genau Sie erreichen möchten. Das Selbstverwirklichungsprogramm in diesem Buch bietet Ihnen viele Möglichkeiten, erwünschte Eigenschaften zu programmieren, die Sie automatisch schneller zu Ihren Zielen bringen.

Eigenschaften, die Ihnen helfen, die Umstände, die Sie zur Zielerreichung brauchen, magnetisch anzuziehen. Alles, was Sie tun, alles, was Sie sagen, steuert einen bestimmten Punkt an.
Viele Menschen glauben ihre Ziele nicht zu kennen. Manch einer sagt, er habe keine Ziele. Nun, Ziele sind sehr individuell, aber es gibt drei Hauptziele, die bis jetzt auf alle Menschen zutreffen:

1. Jeder möchte vollkommene Gesundheit.
2. Jeder möchte harmonische Beziehungen.
3. Jeder möchte finanziell unabhängig sein.

Diese drei großen Ziele wirken sich natürlich bei jedem anders aus. Aber alles wird sich innerhalb dieser Ziele bewegen. Was genau möchten Sie erreichen? Warum arbeiten Sie mit diesem Buch? Sie haben sich etwas dabei gedacht. Vielleicht meinen Sie, es könnte Ihnen helfen, etwas leichter zu erreichen oder etwas abzuwenden, jedenfalls haben Sie einen Grund dafür. Entscheiden Sie jetzt, was Ihre Ziele sind. Bitte wie bei der vorhergehenden Übung spontan und unzensiert schreiben.

Meine Ziele sind …

Fällt es Ihnen schwer? Dann schreiben Sie auf, was Sie nicht haben wollen.

Ich will nicht ...

Das, was Sie nicht wollen, ist gleichzeitig das, was Sie wollen! Ihr Bewusstsein kann unterscheiden, Ihr Unterbewusstsein jedoch nicht. „Ich will nicht ..." ist eine ständige Verursachung, ein intensives Programmieren dessen, was Sie doch eigentlich nicht wollen. Es ist eine Negativprogrammierung: „Ich will keinen Stress mehr haben" bedeutet mehr Stress; in Wirklichkeit wollen Sie innere Ruhe und Gelassenheit. „Ich will keine Schulden mehr haben" wird dafür sorgen, dass Sie noch mehr Schulden anziehen, denn die Aufmerksamkeit ist auf die Schulden gerichtet. Was Sie dabei sicher wollen, ist mehr Geld verdienen und es auch behalten. „Ich will nicht mehr krank sein" kann Sie nicht gesund werden lassen, denn Krankheit ist das Ziel, obwohl Sie gesund werden wollen. „Ich will mit meinem Partner nicht mehr streiten" wird noch lange keine Harmonie bedeuten, denn die Ausrichtung ist die Vermeidung von Streit, nicht das Schaffen von Harmonie.

Beginnen Sie mit der inneren Programmierung möglichst beim wichtigsten Ziel oder Ihrem dringendsten Problem. Ein Ziel, genauso wie ein Problem, steht selten isoliert da, es gruppieren sich eine Menge kleinerer Ziele oder Probleme um den Hauptpunkt. Wenn Sie Angst und das Gefühl haben, zu wenig Selbstbewusstsein zu haben und deswegen nicht erfolgreich zu sein, dann bringt es wenig, mehr und härter zu arbeiten, mehr zu riskieren und ständig etwas Neues zu suchen. Wichtig ist, Selbstbewusstsein zu erlangen. Sie programmieren also Selbstbewusstsein, und vieles wird sich von selbst erledigen. Richten Sie die Programmierung immer auf das, was Sie wollen, auf Ihr erwünschtes Ziel, nicht auf das, was Sie nicht wollen. Ihr Unterbewusstsein versteht keine emotionalen Verneinungen. Emotionale Verneinung ist präzises Verursachen, aber eben nicht zum erwünschten positiven Endzustand. Ihr Unterbewusstsein nimmt alles wörtlich und gefühlsmäßig direkt und ohne Wertung auf. Das werden Sie in der entspannten Phase immer wieder feststellen. Sie können sich eine Situation vorstellen, und das Unterbewusstsein nimmt sie als real geschehen auf. Fixieren Sie, so oft es geht, Ihr Ziel in Ihrem Geiste und fühlen Sie, dass es erreicht ist – je mehr Gefühl, desto besser. Erlauben Sie sich, täglich Ihren erwünschten Zustand zu bestätigen. Stellen Sie sich vor, was Sie erreichen wollen, fühlen Sie sich dort, und empfinden Sie die Freude, es geschafft zu haben. Durchbrechen Sie den Kreislauf der negativen Gewohnheiten, und machen Sie einen positiven daraus. Entscheiden Sie sich auf Ihr Ziel hin zu arbeiten.

Wer auf dem Mond gewesen ist,
für den gibt es auf der Erde kein Ziel mehr.
Astronaut Edwin Aldrin

Damit ein Ziel schnellstmöglich und nachhaltig erreicht wird, sind mehrere Kriterien zu berücksichtigen. Arbeiten und programmieren Sie zielorientiert.

Voraussetzungen zur optimalen Zielerreichung

1. *Bestimmen Sie Ihr Ziel konkret.*
   Bestimmen Sie es nicht konkret, ist es kein Ziel, sondern ein Wunsch, eine Möglichkeit. Konkret bedeutet, genau zu bestimmen, was Sie erreichen wollen. Wenn Sie z. B. mehr verdienen möchten, ist es wenig sinnvoll, zu entscheiden: Ich will mehr verdienen. Wie viel ist „mehr“? Wenn Sie es nicht konkret in Zahlen ausdrücken, haben Sie keinerlei Kontrollmöglichkeit, wie weit Sie es noch bis zu Ihrem Ziel haben. Oder wollen Sie glücklich und zufrieden sein? Wie können Sie das messen?

Was muss passieren, damit Sie sich glücklich fühlen? Oder was können Sie tun, damit Sie sich glücklich fühlen? Wenn Sie es nicht beschreiben können, dann können Sie es auch nicht erreichen.
Je konkreter Sie Ihr Ziel beschreiben, umso leichter werden Sie Maßnahmen einleiten können, um Ihr Ziel zu erreichen.

2. *Geben Sie Ihrem Ziel einen Zeitrahmen.*
   Nur dadurch können Sie überprüfen, ob Sie auf dem richtigen Weg sind. Während Sie auf dem Weg zum Ziel sind, haben Sie die Möglichkeit, Korrekturen vorzunehmen. Nehmen wir das Beispiel „mehr verdienen". Legen Sie hier einen Zeitrahmen fest, der sich überprüfen lässt, damit Sie sehen und kontrollieren können, ob Sie auf dem richtigen Weg sind: Wie viel mehr in welchem Monat, wie viel mehr in welchem Jahr? Einfach „mehr" ist keine Motivation, die gezielte Maßnahmen zulässt. Nur ein Zeitrahmen lässt eine Kontrolle der Fortschritte zu.

> **Der Mensch ist ein zielstrebiges Wesen, aber meist strebt er zu viel und zielt zu wenig.**
> Günther Radtke

3. *Jedes Ziel muss für Sie realistisch sein.*
   Wenn das Ziel für Sie festgelegt wird, ohne dass Sie sich damit identifizieren können, ist es schwer zu erreichen. Realistisch bedeutet, dass Sie ein gutes Gefühl dazu entwickeln. Es muss Sie innerlich motivieren, begeistern und darf keine Zweifel aufkommen lassen. Unterteilen Sie Ihr Ziel lieber in kleinere Schritte. Sie können diese jederzeit erhöhen, dann gibt es nach oben keine Grenzen. Dies ist aber sicherlich unrealistisch bei dem Satz „In zwei Wochen bin ich Millionär", wenn Sie im Moment keinen Cent besitzen.
   Bleiben Sie auf festem Boden und benutzen Sie diesen als Startbahn zu höheren Zielen.

4. *Ihr Ziel soll zum Wohle aller sein.*
   Sie kennen das Gesetz von Ursache und Wirkung. Folglich ist es äußerst wichtig, dass wir niemandem schaden.
   Was Sie geben, bewirkt, was auf Sie zurückkommt. „Zum Wohle aller" heißt das Win-Win-Prinzip (Gewinn-Gewinn-Prinzip) anwenden. Jeder, der mit Ihnen in Kontakt kommt, soll

gewinnen. Das ist die sicherste Art, auf Dauer Erfolg zu erzielen. Sie können alles auf dieser Welt haben, wenn Sie anderen Menschen helfen, das zu bekommen, was diese haben wollen. Wer gibt, dem wird gegeben. Sorgen Sie für andere, dann werden andere für Sie sorgen.

5. *Ihr Ziel muss für Sie bildhaft vorstellbar sein.*
   Kreieren Sie ein motivierendes Bild von dem erwünschten Endzustand. Sehen Sie sich schon am Ziel. Tun und fühlen Sie so, als ob, und benehmen Sie sich so. Ihr Unterbewusstsein wird diese Energie in die Tat umsetzen und hilft, Ihr Ziel schneller zu verwirklichen. Wenn Sie sich mehr leisten möchten, spazieren Sie durch die Kaufhäuser, und erfreuen Sie sich am Angebot, genießen Sie, was Sie alles kaufen könnten. Erfreuen Sie sich am Wohl, Erfolg und Reichtum anderer. Tun Sie gefühlsmäßig einfach so, als wäre alles für Sie da. Je mehr Sie sich dies erlauben und je mehr Sie diese Schritte beachten, desto schneller werden Sie vorankommen. „Ein Bild sagt mehr als tausend Worte“, trifft in Ihrem Unterbewusstsein bestens zu.

Wenn wir die Ziele wollen, wollen wir auch die Mittel.
Immanuel Kant

Hilfe durch mentales Training

Wie die Hypnose ist auch das mentale Training immer noch mit Mystik behaftet. Manch einer versteht darunter, dass sich etwas oder jemand der Persönlichkeit bemächtigt, andere wiederum erwarten sofortige Wunder. Realität ist: Millionen Menschen hat das mentale Training schon zu einem neuen, sinnvolleren Leben verholfen.

Mentales Training findet am wirkungsvollsten in der Entspannung statt. In den letzten Jahrzehnten ist das autogene Training sehr beliebt geworden, entwickelt vom deutschen Psychiater Johannes H. Schultz. Mittlerweile ist diese Methode von der Medizin anerkannt und wird teilweise in Arztpraxen gelehrt. Die Technik des mentalen Trainings beruht auf ähnlichen Voraussetzungen. Emil Coué hat die Macht der Suggestion (*suggerare*, lat. *eingeben*) entdeckt, und seitdem wurde seine Methode immer populärer. Die Formel, mit der er Anfang des 19. Jahrhunderts großartige Erfolge erzielt hat, lautet:

> *„Es geht mir von Tag zu Tag*
> *in jeder Hinsicht immer besser und besser."*

Dennoch hat sich das mentale Training mit Suggestionen noch nicht weitreichend durchgesetzt, im Gegenteil: Obwohl die Selbstbeeinflussung keine Nebenwirkungen hat, wird sie häufig kritisch gesehen. Lieber schlucken wir Tabletten, als dass wir die Macht des Unterbewusstseins anwenden.

Dabei ist das mentale Training nicht nur eine hervorragende Unterstützung im Genesungsprozess, sondern es ist damit auch möglich, die tieferen Schichten des Unterbewusstseins neu zu programmieren. Übrigens: Mag sein, dass Sie der Begriff „Programmierung" stört, allerdings trifft er den Kern, denn wir werden laufend programmiert – mit Schlagzeilen, Fernsehbildern, Botschaften und Geschichten. Alles programmiert unser Unterbewusstein. Halten wir uns vor Augen, dass wir alle unwissentlich mentales Training

praktizieren: Jede Werbeaussage, alle Nachrichten, jeder Kommentar und jedes Gespräch hinterlassen in unserem Unterbewusstsein Spuren. Alles beeinflusst uns, es sei denn, wir haben unsere Gedanken unter Kontrolle. Diese Kontrolle gilt es gezielt zu erlernen.
Alles, was von außen kommt, wirkt als Suggestion, wenn wir uns damit identifizieren oder schon ein entsprechendes Denkprogramm eingespeichert haben. Sind im Unterbewusstsein bereits ähnliche Erfahrungen vorhanden, werden diese nahtlos angeknüpft, ohne jegliche Prüfung. Nur wenn wir uns bewusst auf unser Denken konzentrieren, kann dies nicht passieren.

Mentales Training kann eingesetzt werden bei z. B. :

Konzentrationsschwäche
Stress
Schlafstörungen
Schmerzen

zur Unterstützung von:

Heilungsprozessen
Verhaltensänderungen

zur Förderung einer positiven Lebenseinstellung

zur Verbesserung

von Motivation und Zielstrebigkeit
des Wohlbefindens insgesamt.

Mentales Training soll und kann jeder nur für sich selbst nutzen. Durch das mentale Training haben Sie die Möglichkeit, sich geistig und seelisch schneller zu entwickeln, leistungsfähiger und kreativer zu werden. Die Grenzen setzen Sie sich dabei selbst.

Vorbereitung zum mentalen Training

Der Mensch ist ein Energiefeld und zieht an, was er in seinem Geist sieht. Unser Gehirn sendet diese Energie aus, es werden Schwingungen erzeugt. Diese Schwingungen sind messbar (in Hertz). Wenn wir im Tagesbewusstsein sind, produziert unser Gehirn die so genannten Betawellen mit einer Frequenz von 14 bis 30 Hertz. Im Erregungszustand ist die Frequenzzahl noch höher. Unser Geist läuft dann auf Hochtouren.
Diese Wellen können mit Hilfe eines Elektroenzephalogramms (EEG) gemessen werden. In der Entspannungsphase sinkt die Frequenz der Gehirnwellen ab, wir erreichen den Alpha-Zustand. Der Alpha-Bereich umfasst die Spanne von 7 bis 14 Hertz. In dieser Entspannungsphase ist das Bewusstsein zwar „voll da", aber nicht so aktiv. Das Unterbewusstsein dagegen ist in diesem Zustand besonders aufnahmefähig. Es ist sensibler und leicht zu beeinflussen. Wenn in der Alpha-Phase ein „Programm" (Ziele, Wünsche) ins Unterbewusstsein eingegeben wird, dann wird es schneller aufgenommen und verwirklicht als beim Programmieren im Tagesbewusstsein.

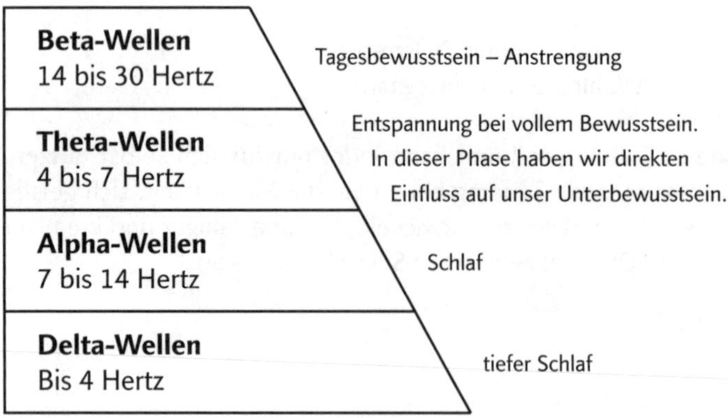

Je häufiger Sie in die Entspannung, in die Alpha-Phase gehen, umso mehr Wirkung erzielen Sie. Das oft störende Tagesbewusstsein wird schwächer, es melden sich von Mal zu Mal weniger Gedanken, die den Ablauf zu stören. Die passive Art des mentalen

Trainings erleben wir jeden Tag, wenn wir Fremdeinflüssen gestatten, in unser Gemüt einzudringen, die unsere Gedanken und Gefühlskraft aktivieren und somit permanent eine Art von unbewusster Programmierung auf uns ausüben. Viele Menschen wissen zwar um diese Mechanismen, greifen aber nicht oder zu wenig ein, um sie zu unterbinden.

Das aktive mentale Training soll uns helfen, Verhaltensprogramme zu ändern, damit Gedanken und Gefühle bewusst von uns gesteuert werden können. Ansonsten sind wir das ganze Leben ein Spielball unserer Gefühle oder der Steuerung von außen. Dass möglichst wenig Gefühle oder Gedanken unkontrolliert eindringen, können Sie mit mentalem Training selbst programmieren. Sie brauchen keine Angst davor zu haben, zu einem Roboter zu werden. Wir sind laufend so vielen Reizen ausgeliefert, dass es uns kaum möglich ist, alles zu beherrschen. Aber das ist auch gar nicht nötig. Wenn Ihnen die Gedanken- und Gefühlskontrolle über 51 % gelingt – und das ist sehr leicht zu erreichen –, dann bestimmen Sie selbst die grundlegende Richtung Ihres Schicksalsweges. Mentales Training fördert die Gedankendisziplin, und mit ihr erreichen Sie alles, was Sie sich vorstellen und was Sie geistig erfassen können. Die Grenze liegt in jedem Einzelnen selbst. Alles ist demjenigen möglich, der keine Mühe scheut und fest daran glaubt, sein Ziel zu erreichen.

Gedanken können nur mit Gedanken ausgetauscht werden.

Um schnellstmöglich ein Ziel erreichen zu können, müssen wir drei Kräfte in uns mobilisieren: *Vorstellungs-, Gefühls- und Suggestionskraft*. Anders ausgedrückt: Es muss die Vorstellung, das Ziel deutlich sein, das Bild von dem, was Sie haben wollen. Es muss die unterschwellige Einstellung, das Gefühl im Unterbewusstsein klar sein; kein Zweifel, sondern ein wohlig sicheres Gefühl „es bereits erreicht zu haben“ ist von großer Bedeutung. Die Suggestionen, die Worte, die Sie sich programmieren, müssen zum Bild und zum Gefühl passen. Das heißt: Die Worte lösen die Bilder und die Gefühle aus, oder in der Umkehrung löst das Gefühl die Worte und die Bilder aus. Doch auch Bilder rufen entsprechende Assoziationen in Worten und Gefühlen hervor. Alle drei Kräfte können als Auslöser aktiv werden und erzeugen eine Reaktion. Wir zersplittern unsere Kräfte häufig durch Unklarheit, durch übermäßige Gier,

durch unrealistische Vorstellungen und dadurch bedingten Mangel an Glauben, nach dem Motto „Ich will das zwar haben, kann mir aber nicht vorstellen, es zu besitzen".
Wir können das Richtige tun, indem wir unser Unterbewusstsein richtig programmieren, Gedankendisziplin üben und dadurch unser Bewusstsein ausschließlich mit Wünschenswertem versorgen. Beide geistigen Mechanismen, Gedankendisziplin und Programmierung des Unterbewusstseins, sollen sich ergänzen.
Alles, was Sie sich vorstellen können, können Sie im Unterbewusstsein programmieren. Gedanken verbinden sich zu einer Gedankenkette, die gespeichert wird. Wenn Sie oft an Ihr Ziel denken, ist dies positive Energie, die dann am besten wirkt, wenn kein Zweifel vorhanden ist. Wenn Sie dem Unterbewusstsein Ihr Ziel in der Entspannungsphase – also wenn das Tagesbewusstsein nicht so aktiv ist – eingeben, verwirklicht sich Ihr Ziel schneller, denn für Ihr Unterbewusstsein ist dies ein klarer Auftrag.
In der Entspannung können Sie ein klares Bild von Ihren Zielen schaffen, geprägt von Freude und positiven Gefühlen. Das Unterbewusstsein wird Sie dabei gerne unterstützen. Es kann nicht unterscheiden zwischen Einbildung und Realität. Lassen Sie Ihrer Vorstellungskraft freien Lauf, und laden Sie Ihre Bildvorstellung mit Freude auf. Je besser Sie sich mit dem erwünschten Endzustand identifizieren, umso schneller erreichen Sie Ihr Ziel.
Mentales Training können Sie überall praktizieren. Sie müssen aber entscheiden, ob Sie mentales Training nebenbei – während einer anderen Tätigkeit – üben oder in der Entspannungsphase. Anfänglich würde ich die mentale Programmierung nur in der Entspannungsphase empfehlen. Später können Sie sich beim Sport, beim Spazierengehen, Joggen oder anderen Aktivitäten Gedankenbefehle mittels Autosuggestionen eingeben. Autosuggestionen sind ebenso mentales Training. Diese können Sie während anderer Tätigkeiten optimal nutzen, denn Sie denken ja so oder so. Da in unserer Zeit Stress an der Tagesordnung ist, haben wir alle Entspannung nötig, damit sich Körper und Seele erholen können. Vergessen Sie nicht: Entspannung kann vor Herzinfarkt und anderen Krankheiten schützen.

Richtiges Entspannen

Wenn Sie in der Entspannungstechnik erst einmal geübt sind, ist es möglich, sogar beim Lesen, Sprechen, Fernsehen oder beim Hören von Musik bewusst zu entspannen. Lernen Sie, Entspannung als einen natürlichen Zustand zu erkennen. Wenn Sie abends nach Hause kommen und Ihre Garderobe ablegen, können Sie Ihren Mantel mit dem Gedankenbefehl „Damit lege ich alle meine Sorgen ab!" aufhängen und frei von allen negativen Geschehnissen, Ärgernissen und Schwierigkeiten des Tages sein. Dies ist deshalb so wichtig, weil Sie Abstand brauchen. Wer nie Zeit hat, richtig frei durchzuatmen, der wird immer höheren Belastungen ausgesetzt. Entspannung ist heutzutage eine Notwendigkeit. Beobachten Sie die Natur: Es gibt eine Zeit des Wachstums und eine Zeit der Regeneration. Es gibt Tag und Nacht, Sommer und Winter. Wer ständig nur in der Aktivitätsphase bleibt, schwächt sein Immunsystem und ruht nicht in sich. Unterbrechungen sind die Würze des Lebens. Wenn Sie dem Körper nicht die nötige Ruhe gönnen, wird er sich diese holen, in Form von Unfällen oder Krankheiten.

> **Die Zeit ist ein guter Arzt, aber ein schlechter Kosmetiker.**
> William Somerset Maugham

Der amerikanische Schriftsteller Dale Carnegie erzählt die Geschichte von zwei Waldarbeitern, die das Ziel hatten, möglichst viele Bäume zu fällen. Einer ging an die Arbeit und machte den ganzen Tag lang keine Pause. Nur zum Mittagessen gönnte er sich eine kurze Rast. Er wollte die meisten Bäume fällen, er wollte der Beste sein. Der andere legte mehrere Pausen ein und sogar eine lange Mittagspause. Am Abend stellte der Unermüdliche fest, dass sein Konkurrent viel mehr Holz geschlagen hatte. Er sagte: „Ich verstehe das nicht, jedes Mal, wenn ich mich umgesehen habe, hast du dich ausgeruht, und trotzdem hast du mehr Holz geschlagen!" „Hast du auch bemerkt, dass ich während der Pausen meine Axt geschärft habe?", fragte ihn daraufhin sein Kollege lachend.

Entspannung ist gut, „um die Axt zu schärfen". Auch der nächtliche Schlaf dient der Entspannung, wenn Sie es verstehen, den Tag loszulassen. Das Unterbewusstsein, unser Werkzeug, beschäftigt sich sonst auch noch nachts mit unseren Problemen. Verbinden Sie mit dem Zubettgehen, dem Einschlafen oder dem Hochziehen der Decke folgende Suggestion:

Ich wickle mich in Harmonie und Gesundheit ein.
Ich schlafe ruhig und gelassen und erhole mich
an Geist, Seele und Körper.
Ich wache morgen früh frisch und erholt auf.

Gewöhnen Sie sich an, dass dies eine automatische Gedankenfolge wird, sobald Sie die Decke hochziehen. Wiederholen Sie diese Suggestion drei- bis viermal, und Sie werden ruhig und erholsam schlafen.
Wenn Sie morgens aufwachen, sollten Sie Ihren Gedanken nicht gestatten, sich um Probleme und Schwierigkeiten zu drehen. Strecken Sie sich im Bett und wiederholen Sie einige Male die Suggestion:

Ich gehe voller Energie und Freude in diesen Tag.
Ich gebe stets mein Bestes und erhalte das Beste.

Wenn Sie auch diese Suggestion einige Male wiederholen, wird es Ihnen von Tag zu Tag besser gehen.

Vorbereitende Entspannungsübungen

Entspannung ist ein wunderbares Heilmittel, um innere Ausgeglichenheit und Frieden zu erlangen. Es gibt kein natürlicheres Beruhigungsmittel als die Entspannung. In wissenschaftlichen Tests wurde nachgewiesen, dass ein Mensch, der entspannt ruht, weder wütend noch ärgerlich werden kann. Erst durch Muskelanspannung ist dies möglich. Auch Stress ist mit einer Anspannung der Muskeln verbunden. Ent-Spannen bedeutet folglich, nicht verbissen etwas erreichen zu wollen, sondern einfach nichts zu tun, Geist und Körper ruhen zu lassen. Leider glauben wir oft, dafür keine Zeit zu haben, unsere Zeit damit nicht „vergeuden" zu kön-

Suggestion ist eine Methode der Beeinflussung.

nen. Diese Einstellung ist falsch und blockiert uns, denn erst, wenn Sie in sich ruhen, wenn Sie gelernt haben, das Alltagsgeschehen loszulassen, sind Sie in der Lage, kreativ zu sein. Wer sich und seine Arbeit ernst nimmt, muss sich die Zeit zur Entspannung nehmen, denn dadurch stärkt er sich und gibt seinem Unterbewusstsein die Möglichkeit, gute Ideen, die in ihm schlummern, zutage zu fördern. Nachfolgend werden wir verschiedene Formen von Entspannungsübungen behandeln. Wählen Sie, welche Art der Entspannung zu Ihnen passt. Dann sind Sie Ihrem Bemühen um die Fähigkeit, bewusst zu entspannen, wieder einen Schritt näher.

1. Übung: Das Faustöffnen

Sie setzen sich aufrecht hin und legen einen Arm auf den Tisch. Dann schließen Sie die Hand zur Faust. Nun konzentrieren Sie Ihren Blick auf Ihren Daumen. Sie versuchen nun, den Daumen so langsam zu öffnen, dass Sie Ihr Auge täuschen. Es soll keine Bewegung registrieren. Wenn Sie den Daumen geöffnet haben, können Sie mit dem Zeige-, Mittel-, Ring- und kleinen Finger fortfahren. Sie werden feststellen, dass anfänglich die Finger leichte Ruckbewegungen ausführen. Diese werden mit zunehmender Übung weniger.

Sie sind, was Sie denken.

Diese Übung ist einfach und hat viele Vorteile:

- Sie können sich dabei nicht verspannen, weil sich sonst die Finger nicht öffnen lassen.
- Die Konzentration wird geschärft, weil durch die Beobachtung die ganze Aufmerksamkeit gefordert wird.
- Sie können diese Übung überall machen, ohne Vorbereitung.

2. Übung: Ruhe einatmen

Sie setzen oder legen sich hin und schließen die Augen. Nun beobachten Sie Ihren Atem. Folgen Sie dem Luftstrom, wie die Luft über die Nase eindringt, wie sie die Luftröhre entlangstreift und die Lungen füllt. Beobachten Sie das Füllen der Lungen, ob sie von unten nach oben oder von oben nach unten gefüllt werden. Anschließend atmen Sie aus und beobachten, wie der Luftstrom Ihrem Körper entweicht. Verändern Sie nichts, sondern beobachten Sie nur, wie Sie „geatmet werden". Üben Sie einige

Sie werden, was Sie fühlen.

Minuten, bis Sie völlig zur Ruhe gekommen sind. Dann verbinden Sie jedes Einatmen mit der Suggestion: *Ich atme Ruhe ein,* und beim Ausatmen denken Sie: *Ich atme Unruhe aus.* Atmen Sie dann nach Belieben 15- bis 25-mal durch. Sie werden merken, wie Sie von Mal zu Mal ruhiger werden.

3. Übung: Langsames Lesen

Nehmen Sie einen beliebigen Text zur Hand, am besten einen positiven, aufbauenden. Lenken Sie nun Ihren Blick auf die ersten Buchstaben. Sehen Sie jeden Buchstaben an und lesen Sie ihn in Gedanken, allerdings im Schneckentempo; für jede weitere Silbe brauchen Sie zwei Sekunden. Ihr Blick ist dabei nur auf den jeweiligen Buchstaben gerichtet. Gestatten Sie Ihrem Blick nicht vorauszueilen. Lesen Sie so einige Worte, es wird Ihnen anfänglich lächerlich vorkommen, und Sie werden es vielleicht unsinnig finden, denn so langsam liest ja niemand. Aber genau das ist der Zweck der Übung. Lesen Sie trotzdem weiter, bis der Widerstand gebrochen ist und Sie innerlich zur Ruhe gekommen sind. Meistens dauert es zwei bis drei Minuten. Danach fühlen Sie sich entspannter und ruhiger.

In der Ruhe liegt die Kraft.

4. Übung: Konzentration auf einen Punkt

Suchen Sie sich mit offenen Augen einen Punkt im Raum oder direkt vor sich. Schauen Sie nun mit offenem Blick, ohne Anstrengung, auf diesen Punkt. Denken Sie: „Ich sehe nur diesen Punkt", alles um Sie herum lassen Sie verschwinden, Sie sehen nur diesen einen Punkt. Dabei denken Sie an sonst nichts. Das wird Ihnen zunächst schwer fallen. Lassen Sie Gedanken, die Sie stören, einfach vorbeiziehen. Verdrängen oder vertreiben Sie sie nicht, schenken Sie ihnen einfach keine Beachtung.

Konzentration, das Gegenteil von Verzettelung.

5. Übung: Die progressive Muskelentspannung

Diese Übung wird „die progressive Muskelentspannung nach Jakobsen" genannt. Sinn dieser Übung ist, zuerst den Muskel fest anzuspannen, um anschließend die Entspannung bewusst wahrnehmen zu können. Dabei sollten Sie folgendermaßen vorgehen: Zuerst suchen Sie sich einen ruhigen Platz und sorgen dafür, dass

Sie nicht gestört werden. Dann legen Sie sich hin und schließen die Augen. Nun spannen Sie die Muskeln nacheinander an. Sie beginnen mit der rechten Hand. Sie ballen die Hand zur Faust und spannen diese fünf Sekunden lang an. Dann lassen Sie los und fühlen die deutliche Entspannung.

Nun spannen Sie die Hand und den Unterarm an, dann den Oberarm usw. Immer spannen Sie den jeweiligen Muskel an und lassen anschließend wieder los. Am besten ist es, Sie sprechen sich den nachfolgenden Text auf eine Tonkassette, damit Sie sich ganz auf die Übung konzentrieren können. Ich empfehle auch, im Hintergrund eine angenehme Entspannungsmusik laufen zu lassen. Diese können Sie gleich mit aufnehmen. Sprechen Sie selbst oder lassen Sie den Text von einem Freund aufsprechen. Wenn Sie selbst sprechen, hat dies den Vorteil, dass Sie lernen, Ihre eigene Stimme und somit sich selbst anzunehmen.

Entspannen heißt loslassen.

Trainieren Sie die Muskelentspannung mit Hilfe einer Tonkassette. Sprechen Sie folgenden Text auf:

Ich bin vollkommen konzentriert, hier in diesem Raum, in meinem Körper.
Ich höre nur auf die Stimme und freue mich auf die folgende Entspannung.
Ich liege bequem, öffne alles, was mich beengt, und habe meine Augen geschlossen.
Ich höre ganz konzentriert auf die Stimme.

Ich balle die rechte Hand zur Faust. Ich balle sie fest, fest, ganz fest, noch fester … und nun lasse ich sie los.
Meine rechte Hand ist jetzt ganz entspannt.

Nun spanne ich meine rechte Faust und den rechten Unterarm an. Ich halte sie fest, ganz fest, noch fester, und lasse sie nun ganz locker. Meine rechte Faust und mein rechter Unterarm sind ganz entspannt, ganz locker.

Jetzt balle ich meine linke Hand zur Faust. Ich balle sie fest, fester, noch fester … und lasse sie nun los. Meine linke Hand ist ganz entspannt.

Nun spanne ich die linke Faust und den linken Unterarm fest an. Ich halte, halte und halte und … lasse jetzt los. Meine linke Hand und mein linker Unterarm sind ganz entspannt.

Ich spanne jetzt meinen rechten Oberarm mit Faust und Unterarm an. Ganz fest spanne ich meine Muskeln an, halte, halte und halte … und lasse nun los. Meine rechte Hand und mein rechter Arm sind jetzt entspannt.

Jetzt spanne ich den linken Oberarm mit Faust und Unterarm an. Ich halte die Spannung fest, ganz fest … und lasse jetzt los. Ich entspanne und lasse los.

Ich konzentriere mich jetzt auf mein rechtes Bein und spanne es fest an. Das ganze Bein ist fest angespannt, ganz fest, ganz fest. Und nun lasse ich los. Ich fühle und genieße die Entspannung in meinem rechten Bein.

Dasselbe führe ich mit meinem linken Bein durch. Ich spanne es an, ganz fest, noch fester … und lasse nun los. Auch mein linkes Bein ist jetzt ganz entspannt.
Meine Beine sind jetzt entspannt.

Jetzt spanne ich das Gesäß an und halte die Spannung. Ich halte fest, fester, noch fester … und lasse nun los. Mein Gesäß ist jetzt entspannt.

Nun spanne ich alle Muskeln in meinem Gesicht an. Ich runzle die Stirn, beiße auf die Zähne und ziehe die Mundwinkel nach hinten. Ich halte die Spannung, fest, noch fester … und lasse nun los. Mein ganzes Gesicht ist jetzt entspannt.

Mein ganzer Körper ist jetzt locker und entspannt. Ich genieße dieses wunderbare Gefühl und freue mich, ganz entspannt zu sein.

Der Vorteil dieser Übung ist, dass Sie aktiv entspannen, indem Sie die Gedanken beschäftigen und die Muskeln an- und entspannen. So können Sie Stress wunderbar abbauen und Ihre Gedanken beruhigen. Bleiben Sie einige Minuten in dieser Ruhe, vielleicht mit der Musik im Hintergrund, und sprechen Sie anschließend den Text zum Beenden der Entspannung.

Nun genieße ich noch einmal diese Ruhe und Entspannung. Gleich werde ich bis fünf zählen, dann kehrt die Kraft wieder in meinen Körper zurück. Ich zähle gleich bis fünf, und bei fünf bin ich wieder ganz bewusst im Hier und Jetzt, ich bin voller Kraft und Energie und fühle mich viel besser als vorher. Eins, zwei, drei … ich atme tief ein, vier … ich strecke meine Arme und Beine, fünf … ich öffne nun meine Augen und bin hellwach. Ich strecke und recke mich, atme tief ein und aus und fühle mich wunderbar.

6. *Übung: Der Sonnenuntergang*
   Diese Übung nennen wir geistiges Entspannen. Sie suchen sich einen ruhigen Platz und legen oder setzen sich bequem hin. Sorgen Sie dafür, dass Sie nicht gestört werden. Dann schließen Sie die Augen und atmen einige Male tief ein und aus. Verbinden Sie diese Atemzüge mit der Suggestion *„Ich atme Ruhe ein und Unruhe aus“*. Nach fünf oder zehn Atemzügen, je nach Belieben, wenn Sie merken, dass Sie schon ruhiger geworden sind, atmen Sie langsam und gleichmäßig weiter, ohne etwas zu verändern. Die Augen sind geschlossen, und Ihr Blick ist hinter den geschlossenen Augen auf den Punkt zwischen den Augenbrauen – die Nasenwurzel – gerichtet. Dabei die Augen aber nicht verspannen. Sie konzentrieren sich auf diesen Punkt, den man das geistige Auge nennt.
   Jetzt stellen Sie sich vor, wie Sie einen wunderschönen Sonnenuntergang erleben. Sehen Sie sich an einem Strand, auf einem Berg oder einer Wiese sitzen und beobachten Sie die Sonne, wie sie untergeht. Sehen Sie den leuchtenden Ball und genießen Sie den Anblick. Fühlen Sie, wie mit jedem Millimeter, mit dem die Sonne am Horizont tiefer sinkt, Ihre Ruhe größer wird und Ihr Wohlbefinden steigt. Empfinden Sie dieses Wunder der Natur in Harmonie und Ruhe. Freuen Sie sich und spüren Sie, wie sich Geist, Seele und Körper erholen.
   Sie genießen einfach den Sonnenuntergang und fühlen dabei, wie Ruhe und Harmonie einkehren.

Vorstellung beeindruckt die Seele.

Bei dieser Übung werden Sie erkennen, wie leicht es ist, loszulassen und Ruhe ins Gemüt zu lassen. Diese Übung können Sie während kleinerer Pausen machen, oder abends im Bett vor dem Einschlafen.

Dies alles sind vorbereitende Übungen oder Übungen für zwischendurch, um sich schnell zu entspannen und zu erholen. Je öfter Sie diese Übungen wiederholen, desto leichter fällt es Ihnen, bewusst zu entspannen. Sie können Entspannung als Programm in Ihr Unterbewusstsein einspeichern und es bei Bedarf abrufen.

Probieren Sie alle Übungen aus und lassen Sie sich die zur Gewohnheit werden, die Sie am liebsten mögen. Erst wenn Sie die Entspannungstechniken beherrschen, können Sie optimal mit mentalem Training arbeiten. Zur Ruhe kommen ist der erste Schritt. Der zweite Schritt gilt dem Auslöser, um in die Alpha-Phase zu kommen, den Zustand, in dem Ihr Unterbewusstsein offen für die Programmierung ist. Entspannung ist die Vorstufe auf Ihrem Weg zum Unterbewusstsein.

Die Alpha-Ebene

> **Wenn man seine Ruhe nicht in sich findet, ist es zwecklos, sie andernorts zu suchen.**
> Francois de la Rochefoucauld

Als Auslöser, um gezielt auf die Alpha-Ebene zu kommen, auf der Ihr Unterbewusstsein am empfänglichsten für Bilder und Eindrücke ist, gibt es viele Möglichkeiten. Für die Entspannung, das Erreichen des Alpha-Zustandes, können beliebige Auslöser verwendet werden. Es empfiehlt sich aber, den Auslöser so zu wählen, dass er nicht im täglichen Gebrauch vorkommt. Ansonsten können Sie sich – je nach Sensibilität – auch ungewollt „in Alpha" versetzen. Unpraktisch sind daher einzelne Worte. Ich möchte Ihnen hier zwei Möglichkeiten anbieten, die ich persönlich schätze und auch benutze: die Farbentspannung und das Rückwärtszählen.

Die Farbentspannung

Ich benutze in meinem Seminar NO LIMITS den Auslöser der sieben Farben. Dies ist meine Lieblingstechnik, eine wissenschaftlich anerkannte Methode, um die Gehirnwellen zu reduzieren. Man

hat festgestellt, dass die Vorstellung bestimmter Farben eine bestimmte Frequenz im Gehirn auslöst. Wenn Sie sich eine bestimmte Farbe nur denken, ohne die Vorstellungskraft intensiv einzusetzen, verändern sich bereits Ihre Gehirnwellen.
Die Farbentspannung dient nachweislich dazu, in den Alpha-Bereich zu gelangen. Sie ist einfach anwendbar und als Auslöser gut zu gebrauchen. Es muss dabei die richtige Reihenfolge der Farben beachtet werden.

Wie funktioniert die Farbentspannung?
Die Farbentspannung beruht auf wissenschaftlichen Erkenntnissen der Gehirnforschung. Gedanken sind Schwingungen, Vorstellungen sind Anweisungen an das Unterbewusstsein. Wenn Sie beispielsweise an die Farbe Rot denken, dann entsteht nach wenigen Sekunden in Ihrem Gehirn ein bestimmtes Wellenmuster. Dieses Wellenmuster wird nun von Farbe zu Farbe reduziert, bis Sie die Alpha-Stufe erreicht haben. Im Alpha-Zustand ist das Tor zum Unterbewusstsein geöffnet; es ist aufnahmebereit für Ihre Suggestionen und Bilder. Jede Farbe hat auch eine Symbolkraft und Bedeutung. Nachfolgend die jeweilige Bedeutung der benutzten sieben Farben:

Rot ist die Farbe der Aktivität, der Aggressivität, des Mutes und der Energie.

Orange ist die Farbe der Elastizität, der Anpassungsfähigkeit, der Ausstrahlung und der Flexibilität.

Gelb bedeutet starkes Gefühlsleben, Großmütigkeit und Empfänglichkeit für Intuition.

Grün ist die Farbe des Optimismus, der Lebensfreude und der positiven Einstellung.

Blau bedeutet verstandesbetontes Denken, Ordnungssinn und Sinn für Gerechtigkeit.

Lila ist die Farbe der lebhaften geistigen Tätigkeit und des Pflichtbewusstseins.

Violett ist die Farbe der Religiosität*, des schöpferischen Tuns.

* Mit Religiosität ist keine bestimmte Konfession gemeint. Religio bedeutet „Rückbindung", sich auf etwas besinnen, ohne eine Institution dahinter zu sehen.

Diese Farben müssen der Reihe nach visualisiert werden. Wenn Sie die Farbe Violett erreicht haben, sind Ihre Gehirnwellen im Bereich einer Frequenz von 7 bis 14 Hertz. In diesem Zustand ist das Unterbewusstsein für Suggestionen und Bilder offen. In unseren Trainings haben wir technische Möglichkeiten, die Tiefe der Entspannung zu kontrollieren, und stellen immer wieder fest, dass Menschen, die glauben, gar nicht entspannen zu können, dies exzellent beherrschen, und es anderen, die glauben, tief entspannt zu sein, gar nicht so gut gelingt.

Der bewusste Verstand ist in Alpha in seiner Aktivität reduziert, immer weniger störende Gedanken drängen sich auf. In dieser Phase entsteht eine eigene „Bilderbuchwelt". Sie können sich ohne Begrenzung alles vorstellen. Hier gibt es kein Versagen. Sie können in dieser Dimension alles erreicht haben. Sie müssen sogar davon überzeugt sein, dass Sie es erreicht haben, sonst kann es sich nicht verwirklichen. Sie projizieren das erwünschte Endziel auf Ihren „geistigen Bildschirm" und erfreuen sich daran.

Eine Prüfung können Sie sich als erreicht vorstellen.
Ihren Körper können Sie sich als gesund vorstellen.
Sie können sich selbstbewusst sehen.
Sie können sich als wohlhabend und reich sehen.
Ein Sportler kann die besten Leistungen mental erbringen.
Ein Musiker wird in der Vorstellung bestens spielen.
Sie können sich als erfolgreiche Persönlichkeit auf allen Ebenen sehen.
Sie können sich dort mit Ihrem Traumpartner/Ihrer Traumpartnerin sehen.

Kurz, auf dieser Vorstellungsebene gibt es nur Gewinnen. Sie können dort Ihrem Unterbewusstsein das Ideal vorleben, Höchstleistungen erbringen; es wird dann auch in der Realität diesen Vorgaben gerecht werden.

Wenn Sie wissen, was Ihr erwünschter Endzustand ist, empfiehlt es sich, einen eigenen Entspannungstext auf Band zu sprechen. Ihre Gedanken können den Worten folgen, und Sie können ohne Anstrengung visualisieren. Es ist empfehlenswert, im Hintergrund schöne Musik zu genießen, dadurch werden störende Umweltgeräusche übertönt.

Aber vorher ein kleiner Test. Lesen Sie die nächsten Zeilen, führen Sie die Übung aus, und lesen Sie erst anschließend weiter.

Schließen Sie die Augen für zwei, drei Minuten, und stellen Sie sich einen Baum vor. Ist er dick oder dünn, grün oder nicht? Sehen Sie Details, und nehmen Sie ihn mit allen Einzelheiten wahr!

Haben Sie den Baum gesehen, ist er klein oder groß? Konnten Sie die Einzelheiten erkennen oder war er verschwommen?
Wenn Sie ihn sofort deutlich gesehen haben, dann ist Ihr geistiger Bildschirm voll aktiviert. Wenn Sie nur Bruchstücke gesehen haben, dann sind Ansätze da, und mit ein wenig Übung wird er voll aktiv sein. Sollten Sie jedoch nichts gesehen haben, dann ist Ihr Bildschirm nicht aktiv. Dies ist kein Beinbruch, denn Sie haben dann andere geistige Sinnesorgane, die vielleicht besser funktionieren.
Sie können sich den Baum vorstellen oder ihn denken. Sie können ihn aber auch fühlen. Was immer ausgeprägt ist, ist gut. Glauben Sie nicht, man müsste klar bildhaft sehen können, um etwas zu verursachen oder ein Ziel zu programmieren. Das stimmt nicht. Als ich die Techniken kennen lernte, glaubte ich das viele Jahre lang und wollte unbedingt geistig sehen können. Was ist passiert? Je mehr ich es unbedingt wollte, umso weniger klappte es. Daher habe ich es aufgegeben und mich auf meine anderen Sinne wie das Denken und das Fühlen eingestellt, und siehe da, es funktioniert genauso. Jeder Mensch verursacht laufend – in der Vorstellung, beim Fühlen und mit Suggestionen.
Dabei möchte ich noch klarstellen: Jeder Mensch kann als Kind bildhaft sehen. Wir haben es nur im Laufe des Erwachsenwerdens verlernt. Auch wenn wir es verlernt haben, besitzen wir die Voraussetzungen zum bildhaften Sehen trotzdem noch. Das Unterbewusstsein wandelt alles in Bilder um. Deshalb ist es nicht wichtig, mit dem Verstand Bilder sehen zu wollen. Relevant ist die Gewissheit, dass es funktioniert, das Richtige zu programmieren; den Rest erledigt das Unterbewusstsein von selbst. Also, Sie sollen nichts erzwingen, sondern das annehmen, was kommt.

Alles, von dem sich der Mensch eine Vorstellung machen kann, ist machbar.
Wernher von Braun

Wenn Sie bildhaftes Sehen üben möchten, dann können Sie dies tun, indem Sie die folgenden Figuren mit offenen Augen ansehen, danach die Augen schließen und sich das eben Gesehene vorstellen.

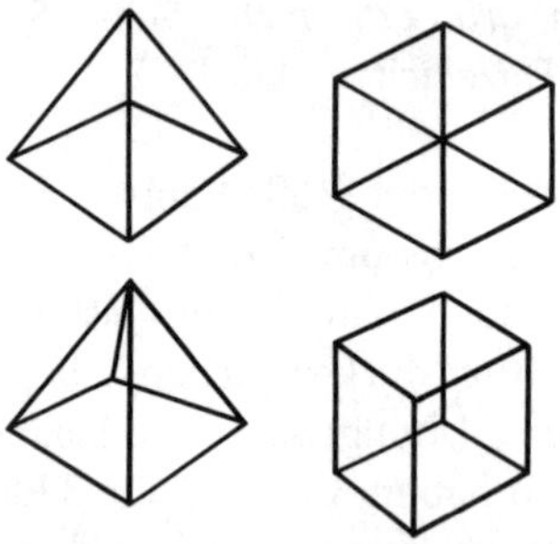

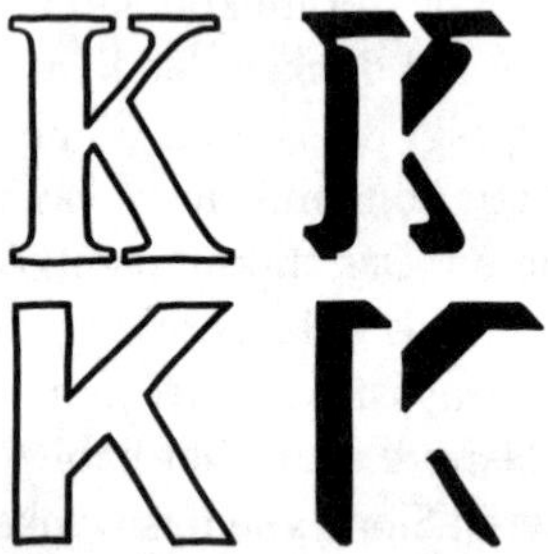

In meinen Seminaren zeigt sich, dass manche Menschen Farben zunächst nur in Ansätzen sehen, diese während des Trainings plötzlich klar und die Bilder scharf werden.
Auch das können Sie üben:
Kaufen Sie sich Plakatkartons in den genannten sieben Farben. Dann nehmen Sie die erste Farbe (Rot), biegen den Karton zu einem Halbkreis und stellen ihn auf dem Tisch vor sich auf. Nun halten Sie den Karton mit den Händen fest und beugen Ihren Kopf so weit vor, bis der ganze Horizont Ihrer Augen nur noch die Farbe Rot sieht. Sie sehen die Farbe an und schließen dann die Augen. Nun stellen Sie sich die Farbe mit geschlossenen Augen vor. Dann öffnen Sie die Augen, sehen die Farbe an, schließen die Augen wieder und stellen sich die Farbe erneut vor. Machen Sie dies einige Minuten lang, solange Sie Lust dazu haben. Dann nehmen Sie die nächste Farbe und fahren so fort.

Zum Schluss können Sie eine sehr interessante Probe machen: *Stellen Sie die Kartons hintereinander auf den Tisch, sodass sie in Reichweite sind. Dann schließen Sie die Augen und nehmen einen der sieben Kartons aus der Reihe. Diesen platzieren Sie vor Ihren geschlossenen Augen. Sie beugen sich jetzt so weit dem Karton entgegen, dass ihr Blickfeld nur den Karton bzw. die Farbe umfasst. Versuchen Sie nun mit geschlossenen Augen die Schwingungen der Farbe zu erspüren. Raten Sie, welche Farbe es ist. Sie werden mit Erstaunen feststellen, dass Sie sicherlich in acht oder neun von zehn Versuchen die richtige Farbe „spüren".*

In der Idee leben heißt, das Unmögliche behandeln, als wenn es möglich wäre.
Johann Wolfgang von Goethe

Sie können mit diesem Test die Schwingungen der Farben wahrnehmen. Dies beweist, dass Sie eine Farbe geistig nicht zu sehen brauchen, sondern dass Sie sich lediglich die Farbe denken müssen, damit das Unterbewusstsein den Impuls der Gehirnwellenveränderung abgeben kann.

Das Rückwärtszählen

Diese Technik zur Entspannung eignet sich, wenn Sie noch keine große Erfahrung mit Entspannungstraining haben, wenn Sie nicht leicht abschalten können, oder wenn Sie sich in einer Umgebung aufhalten, wo Lärm und Geschäftigkeit herrschen.
Wählen Sie das Rückwärtszählen von 50 bis 1 oder von 10 bis 1.
Sie können jede Zahl mit einer Suggestion dessen verbinden, was Sie erreichen wollen. Diese Methode engt das Bewusstsein mehr ein, während die Farbentspannung das Bewusstsein erweitert. Jede Methode erreicht dasselbe Resultat, nämlich die Alpha-Schwingungen im Gehirn, das bewusste Entspannen.
Üben Sie beide Varianten – die Farbentspannung und das Rückwärtszählen – und Sie werden bald die Vorteile jeder Methode erkennen. Wählen Sie dann Ihre Lieblingstechnik aus.

Wie funktioniert das Rückwärtszählen?
Diese Technik bündelt die Konzentration auf das, was Sie sich suggerieren. Man könnte es eine „Überwältigung" des Unterbewusst-

seins nennen, ich meine jedoch eine positive Manipulation. Mit dem Zählen verbindet das Unterbewusstsein nach einiger Übung die Gewohnheit, empfänglich für Suggestionen zu werden. Wenn Sie diese Methode einige Male praktiziert haben, können Sie sie überall leicht anwenden. Zu Beginn ist eine aufgezeichnete Entspannung empfehlenswert, weil Sie sonst zu viel denken müssten anstatt sich zu entspannen. Wenn Ihnen der Text vorgesprochen wird, dann können Sie loslassen und brauchen sich nur auf die Worte zu konzentrieren; Sie brauchen keine weiteren Hilfsmittel und können sich innerhalb von wenigen Sekunden in den Alpha-Zustand versetzen.

> **Fantasie ist alles. Es ist die Vorschau auf die kommenden Ereignisse des Lebens.**
> Albert Einstein

Beim Rückwärtszählen können Sie folgendermaßen vorgehen:
Sie legen oder setzen sich hin, nachdem Sie eine vorbereitende Entspannungsübung gemacht haben. Schließen Sie die Augen und hören Sie auf den Text der Kassette. Im Text zählen Sie nun langsam von zehn bis eins rückwärts und lassen nach jeder Zahl eine kleine Pause, damit Sie genügend Zeit haben, sich eine Suggestion zu denken.

Das Besprechen einer Kassette

Beim Besprechen einer Kassette sollte Ihre Stimme ganz ruhig sein. Wenden Sie keinen Befehlston an. Sprechen Sie mit Ihrem Unterbewusstsein, wie Sie mit Ihrem besten Freund sprechen würden. Seien Sie auch nicht überrascht, wenn Ihnen Ihre Stimme oder die Situation komisch vorkommt. Denken Sie einfach an das, was Sie sich vorstellen und was Sie geistig erfassen wollen.
Schreiben Sie sich den Text auf und sprechen Sie ihn dann aufs Band. Sie sprechen zuerst den Einleitungstext, dann die Entspannung, danach die Suggestionen und zum Schluss den Text zur Beendigung des Trainings. Die einzelnen Texte werde ich noch genauer erläutern.

Wie aktivieren wir Geist, Seele und Körper in der Entspannung?

Wenn sich alle drei Kräfte gemeinsam auf ein bestimmtes Ziel konzentrieren, ist der Erfolg am nachhaltigsten. Beim mentalen Training ist dies nicht anders. Daher wollen wir uns die Wirkung der einzelnen Kräfte ansehen.

Der Geist

Er sollte während des Trainings dienend aktiv sein. Störungen und Zweifel, die durch seinen Filter laufen, sollten beseitigt werden. Damit der Geist ruhig ist, muss er beschäftigt sein. Wir können ihn mit Suggestionen beschäftigen. Suggestionen wirken in erster Linie auf den Verstand, denn das Unterbewusstsein wandelt alles in Bilder um. Daher versteht es auch keine Verneinungen. Wenn Sie zum Beispiel denken „Ich möchte nicht hinfallen", dann assoziiert Ihr Unterbewusstsein sofort das Bild „hinfallen". Für Nicht-Hinfallen gibt es kein positives Bild. Sie müssten dafür eine positive Formulierung finden wie etwa: „Ich gehe sicher und ruhig". Dafür gibt es in Ihrem Unterbewusstsein ein Bild.

Eine Seele ohne Imagination ist wie ein Observatorium ohne Teleskop.
H. W. Beecher

Immer, wenn Sie negativ oder verneinend denken, wird der bildhaft vorstellbare Wortinhalt gedanklich umgesetzt, und zwar gerade nicht in das „Bild", das Sie sich denken, sondern in die Verneinung. Der Geist muss daher auf das gerichtet werden, was Sie erreichen möchten. Daher formulieren wir unser Endziel positiv und aufbauend, als wäre das Ziel bereits erreicht. Dies ist für das Unterbewusstsein eine klare Anweisung und eine Beschäftigung für den Geist, damit sich nicht unerwünschte Gedanken einschleichen können. Unser Gehirn hat eine große Schwäche, die unsere Stärke ist: Es kann nur einen Gedanken nach dem andern denken, niemals zwei gleichzeitig, entweder erwünscht oder unerwünscht, negativ oder positiv. Schritt für Schritt können Sie so Ihr Denken kontrollieren und mehr und mehr das Erwünschte denken und sich somit auch vorstellen.

Konfuzius (551 – 478 v.Chr.) sagte:
„Wenn die Sprache ungenau ist,
stimmt das, was gesagt wird,
nicht mit dem überein, was gemeint ist.
Wenn aber das, was gesagt wird,
nicht mit dem übereinstimmt, was gemeint ist,
kann das, was getan werden soll, nicht ausgeführt werden."

Besser kann man es auch für das mentale Training nicht formulieren. Beschäftigen Sie also die erste große Kraft in Ihnen, den Geist, mit der Suggestion. Die Suggestion soll präzise ausgearbeitet werden.
In unserem Geist ist auch die Vorstellungskraft verankert. Sie liefert dem Unterbewusstsein Bilder. Wir können uns etwas vorstellen, und es wird vom Unterbewusstsein verstanden. Die Vorstellung wird dem Unterbewusstsein zum Maßstab. Je klarer also die Vorstellung ist, umso präziser wird die Anweisung.

Die Seele
Diese unterschwellige Kraft von nicht beschreibbarer Größe ist der Schatz in uns. Wir können mit ihrer Hilfe alles erreichen, wenn wir es wirklich wollen. Der seelischen Kraft ist die Kraft des Unbewussten zugeordnet. Das Unterbewusstsein setzt, wie schon gesagt, jedes Wort in ein Bild um. Seine Sprache ist bildhaft. Worte sind nur für unser Gehirn wirksam. Jedes Wort ist mit einer bestimmten Vorstellung behaftet, die vom Unterbewusstsein assoziiert wird. Das Wort holt sich das Bild, oder aber das Bild holt sich vom Verstand das Wort. Das Unterbewusstsein ist der Gefühlsspeicher. Das Gefühl wiederum ist der Antrieb, unsere innere Motivation.

Der Glaube eines Menschen kann durch kein Glaubensbekenntnis, sondern nur durch die Beweggründe seiner gewöhnlichen Handlungen festgestellt werden.
George Bernhard Shaw

Jedes Bild wird von einem Gefühl begleitet. Es gibt keine neutrale Wertung, denn alles wird in uns entsprechend unserer Erfahrung mit einem Plus oder einem Minus belegt. Zwar können wir versuchen, neutral zu sein, aber es wird uns nicht gelingen. Genau hier können wir mit der Arbeit an uns selbst beginnen, indem wir lernen ohne ständige Plus-/Minus-Wertung wahrzunehmen.

Die Wertung findet meist ohne unser bewusstes Zutun statt, denn sie ist Assoziation. Eine bestimmte Situation löst diese Assoziation automatisch aus. Alle vergangenen Erfahrungen in allen Bereichen sind in uns gespeichert; das Unterbewusstsein hat ein unendliches Reservoir. Sobald wir die Lebensgesetze kennen, müssen wir darauf achten, diese zu unserem Vorteil einzusetzen. Das bedeutet, sich nicht von den eingespeicherten Programmen oder Assoziationsketten steuern zu lassen. Nehmen wir immer die Vergangenheit als Maßstab, können wir nichts Neues erleben. Wir haben es schließlich jederzeit in der Hand, unsere Programme zu ändern, das ist wirkliches Entwickeln und Er-wachsen-Werden. Wir wachsen, indem wir unsere Ein-sichten ändern, unser Ver-halten kontrollieren und mehr und mehr wahr-nehmen. Die Gefühle, die in bestimmten Situationen auftreten, sollten uns bewusst sein, damit wir nicht automatisch reagieren.

Wo das Wissen aufhört, fängt der Glaube an.
Aurelius Augustinus

Für das Alpha-Training ist der Gefühlsspeicher von großer Bedeutung. Das Gefühl deutet dem Unterbewusstsein die Intensität, die Wichtigkeit und den Stellenwert des Zieles an. Wenn Sie sich in Alpha ein Programm eingeben, müssen Sie sich vorstellen können, wie es ist, wenn Sie das Ziel erreicht haben; Sie müssen sich fühlen, als hätten Sie es schon erreicht. Es muss Freude und Glück aufkommen, Dankbarkeit und Frohmut. Sie müssen in der Vorstellungskraft und im Empfinden ein wahrer Meister-Schauspieler sein. Wohlgemerkt, all dies läuft in Ihrem Inneren ab. Sie müssen niemanden darüber informieren. Sie sollten innerlich Freudentänze veranstalten, in dem Bewusstein, je mehr Sie sich freuen, umso schneller erreichen Sie das, was Sie sich wünschen. Nur Sie alleine müssen an Ihr Ziel glauben. Denn Ihre Glaubenskraft kann bekanntlich Berge versetzen.

An sich zu glauben können Sie Schritt für Schritt lernen, wenn Sie die Lebensgesetze beachten und im Kleinen beginnen. Sie werden erkennen, dass das Schicksal gerecht ist. Im Kosmos gibt es nur absolute Gerechtigkeit; „Kosmos" bedeutet Ordnung, und in ihm ist für Zufall kein Platz. Die Planeten, Gestirne, alle haben ihren Platz in diesem Kosmos. Sie sind gesteuert von einem höheren Energiefeld. Was wir sehen, ist der äußere Schein, von dem wir uns nicht immer leiten lassen sollten. Wir versuchen, die Zusammenhänge im

Gesamten zu erkennen. Erst dann wird uns bewusst, dass es nur Ursache und Wirkung geben kann. Ich möchte an dieser Stelle noch einmal den Begriff Gerechtigkeit in den Raum stellen. Ich glaube an sie, auch wenn es mir manchmal schwer fällt. Ich konnte dieses Gesetz schon häufig beobachten. Alles, was wir von uns geben, ist Energie, und diese Energie will wieder ausgeglichen werden, ohne Wenn und Aber. Wer betrügt, wird betrogen werden. Wer lügt, wird belogen werden. Heuchelt jemand, wird er es mit Heuchlern zu tun haben. Wer gibt, dem wird gegeben. Und nur wer selbst in der Lage ist zu lieben, wird Liebe empfangen.

Das Gesetz der Resonanz sorgt für Ausgleich, immer und unpersönlich. Die Glaubenskraft ist im Unterbewusstsein verankert; mit ihr erreichen Sie das, was Sie möchten. Jeder Mensch glaubt, die Frage ist nur was. Manche Menschen glauben, dass sie vom Schicksal bestraft werden, andere glauben, dass sie Glückskinder sind, wieder andere glauben, dass sie nie gesund werden, und manche glauben, dass sie immer gesund bleiben. Alle glauben an etwas, und jeder hat aus seiner Sicht Recht. Jeder Mensch wird das erleben, was er in seinem Innersten glaubt. Wenn Sie positiven Glauben haben, werden Sie immer von einem guten Gefühl begleitet werden, von einer unbeschreiblichen Sicherheit, die oft nicht zu erklären ist. Der positive Glaube kann und soll auch dann da sein, wenn alle äußeren Anzeichen vollkommen dagegen sprechen. In der Entspannung herrscht idealerweise der positive Glaube an das vor, was Sie erreichen möchten. Je stärker der Glaube ist, desto deutlicher ist auch das Gefühl, desto schneller sorgt der Kosmos dafür, Ihre Wünsche zu erfüllen.

> **Denken ist eine Anstrengung, Glauben ist die andere.**
>
> Ludwig Marcuse

Der Körper

Während der Entspannung sollte die körperliche Aktivität ganz eingestellt werden. Der Körper sollte in dieser Phase das bekommen, was ihm gut tut, nämlich Ruhe und Entspannung. Erst nach dem bewussten Verursachen, nach der Programmierung, kann der Körper in Aktion treten, wenn Sie in der materiellen Welt handeln. Der Körper kann Ihr Unterbewusstsein stark beeinflussen, wenn Sie seine Bedürfnisse nicht erkennen und befriedigen. Andauernder Stress belastet alle Organe, die ihrerseits wiederum Hilferufe an das Unterbewusstsein aussenden. Zu wenig Bewegung beeinträchtigt das Gemüt, weil der Körper dazu gebaut ist, aktiv zu bleiben, und die Muskeln laufend trainiert werden wollen. „In einem gesunden Körper wohnt ein gesunder Geist", sagten die alten Römer. Bei aller Auseinandersetzung mit Ihrem Geist darf der Körper nicht vernachlässigt werden.

Sie sehen, dass auch in der Entspannung alle Kräfte ihren Teil dazu beitragen müssen, damit Sie sich bewusst programmieren können. Der Geist muss genau wissen, was er will, sowohl in Worten als auch in der Vorstellung; die Seele dagegen muss sich entspannen, damit alle feinen, unterschwelligen Schwingungen in den Kosmos gesandt werden können. Und der Körper? Er muss handeln, sonst kann nichts geschehen. Alle drei Kräfte haben ihren Anteil zur gegebenen Zeit.

Programmieren in der Enstpannung

Bisher haben wir die Vorbereitungen für das mentale Programmieren besprochen. Die Entspannung und die beiden Auslöser, die Farbentspannung und das Rückwärtszählen. Nun folgt die Arbeit, die Sie leisten müssen, wenn Sie sich in Alpha versetzt und die Ebene des Unterbewusstseins erreicht haben.

Wenn wir von Programmieren sprechen, ist gemeint, dass wir ein vorhandenes Programm gegen ein neues austauschen. Programmieren ist zwar ein technischer Ausdruck, aber er trifft die Sache am besten.
Zum wirkungsvollen Programmieren sind die besprochenen drei Dinge wichtig:

1. Die Suggestion (Wort)
2. Die Vorstellung (Bild)
3. Der Glaube (Gefühl)

Die Kraft der Suggestion

Die Suggestion ist die wörtliche Formulierung unseres Zieles. Sie ist deshalb so wichtig, weil wir unsere Gedanken durch sie gezielt lenken können. Jedes Wort erzeugt im Unterbewusstsein ein Bild und ein Gefühl. Stimmt die Suggestion, dann wird im Unterbewusstsein ein bestimmtes Gefühl abgerufen. Die Suggestionen müssen daher sorgfältig ausgearbeitet werden, da sie ein positives Umdenken erfordern. In der Suggestion müssen wir das ausdrücken, was wir wollen. Es soll eine Beschreibung des Endresultates sein. Wir haben schon erwähnt, dass das Unterbewusstsein keine Verneinung versteht. Dazu kann es kein Bild erzeugen, und das Gefühl könnte sich negativ auswirken. Daher muss eine Suggestion folgendermaßen aufgebaut werden:

- Das Ziel muss immer ich-bezogen sein. Sie können nicht für andere programmieren.
- Die Formulierung muss gegenwartsbezogen sein, im Präsens, z. B. „es ist, ich bin, ich fühle, ich habe, ich sehe, ich tue“.
- Verneinungen oder negative Formulierungen dürfen nicht in der Alpha-Phase benutzt werden. Also nicht „ich will nicht, dass“ oder „nie mehr möchte ich“.
- Die Formulierung darf keine Absichtserklärung beinhalten wie „ich möchte, ich werde dann, hoffentlich“ oder ähnliche Aussagen.

Formulierungsbeispiele

1. Beispiel: Ziel Gesundheit / Kopfschmerzen

Falsch: „Ich habe keine Kopfschmerzen mehr. Ab sofort bin ich frei von Kopfschmerzen. Ich bin froh und dankbar, keine Kopfschmerzen mehr zu haben.“

Richtig: „Mein Kopf ist klar und frei. Mit jedem Augenblick spüre ich wohltuende Frische in meinen Kopf strömen. Ich freue mich, dass mein Kopf klar und frei ist. Ich fühle mich froh und gesund."

Im ersten Fall wurde die Aufmerksamkeit auf die Kopfschmerzen gelenkt. Da das Unterbewusstsein keine Wertung vornimmt, setzt es alles daran, den Endzustand, nämlich die „Kopfschmerzen", zu produzieren. Im zweiten Fall wird die Aufmerksamkeit auf einen „klaren und freien Kopf" gelenkt. Dieses Bild wird im Unterbewusstsein als ein erstrebenswertes Ziel erkannt, und es setzt alles daran, dieses zu erreichen. Ich möchte aber hier noch eines klarstellen: Mentales Training kann zwar sehr gut heilen, aber keinen Arzt ersetzen. Mit Ihrem Unterbewusstsein können Sie den Heilungsprozess allerdings wesentlich beschleunigen und Gesundheit erhalten. Sie können auch – je nach Ihren Fähigkeiten – Schmerzen wegsuggerieren. Dabei ist aber wichtig, dass das nur geschieht, um Zeit zu gewinnen, das Nötige zu tun, denn Schmerz ist ein Signal des Körpers, dass etwas nicht in Ordnung ist. Es darf nicht Ihr Ziel sein, nur den Schmerz zu beseitigen, denn es muss die Ursache des Schmerzes beseitigt werden.

2. Beispiel: Ziel Gesundheit / Magenschmerzen

Falsch: „Ab sofort habe ich keine Magenschmerzen mehr. Ich habe eine gute Verdauung und keine Magenschmerzen. Ich kann essen, was ich will, und habe nie mehr Magenschmerzen."

Richtig: „Eine wohlige Wärme durchströmt meinen Magen. Ich esse das Richtige und habe eine optimale Verdauung. Ich kaue meine Nahrung gut, und mein Magen arbeitet vollkommen normal und verdaut alle Nahrung, die ich zu mir nehme. Ich fühle mich wohl und genieße es, einen gesunden Magen zu haben. Ich ernähre mich richtig und fühle mich von Tag zu Tag wohler."

Auch hier ist die erste Formulierung negativ auf Magenschmerzen, die zweite positiv auf Wohlbefinden ausgerichtet. Gerade im Bereich der Gesundheit können Sie mit mentalem Training viel erreichen, weil die meisten Krankheiten über die Psyche ausgelöst werden.

Wenn Ihr Arzt sagt, Sie sind organisch völlig gesund, ist Ihr Leiden psychosomatisch. Ich kenne viele Menschen aus meinen Beratungen, die unzählige Therapien gemacht haben und doch nicht gesund wurden. Sie konnten sich nicht „gesund sehen", sie glaubten nicht an ihre Gesundheit. Therapien können in einem solchen Fall nicht wirken, weil die geistigen Kräfte dagegenarbeiten. Eine Therapie ist so gut, wie Sie sie zulassen und Sie sich dabei entwickeln. Je mehr Erkenntnisse Sie aus der Krankheit ziehen und je schneller Sie Ihr inneres Programm ändern, desto schneller werden Sie die Krankheit überwinden.

3. Beispiel: Ziel Geld / Reichtum

Falsch: „Ich habe genügend Geld, alles, was ich brauche, steht mir zur Verfügung. Ich habe eine Million auf dem Konto. Ich bin frei von allen Geldsorgen. Geld fließt mir zu. Ich brauche nichts mehr zu tun, alles fliegt mir zu."

Richtig: „Ich tue das Richtige und verdiene immer mehr. Ich habe genügend Geld auf dem Konto. Ich kann alle meine Verpflichtungen leicht erfüllen. Ich bin offen für neue Möglichkeiten und verdiene von Monat zu Monat mehr. Ich bin dankbar, auf meinem Konto eine Reserve zu haben. Ich arbeite mit Freude, habe die richtigen Ideen und verdiene dabei immer mehr."

Bei Formulierungen um Geld ist es besonders schwierig, weil häufig unrealistische Geldbeträge genannt werden, die das Vorstellungsvermögen übersteigen. Wenn jemand, der verschuldet ist, sich vorstellt, er habe eine Million auf dem Konto, bedarf es großer Vorstellungskraft, dies positiv zu empfinden. Der geringste Zweifel hindert dann die Zielerreichung. Das Ziel muss glaubhaft und vorstellbar sein. Im Kapitel Zielerreichung werden wir hierzu noch einiges ausführen.

Geld ist ein guter Diener, aber ein schlechter Herr.
unbekannt

4. Beispiel: Ziel Partnerschaft / Glück in der Beziehung

Falsch: „Mein Partner verhält sich richtig, und wir sind glücklich. Er tut alles, damit unser Glück vollkommen wird. Wir verstehen uns von Tag zu Tag besser, und er tut das …

jenes ... nicht mehr. Er lässt mir die nötige Freiheit und vertraut mir. Wir sind glücklich."

Richtig: „Ich bin gut zu meinem Partner und freue mich, mit ihm zusammen zu sein. Ich gebe ihm die Freiheit, die er braucht, und gebe in jeder Situation das Beste. Ich bin tolerant und nehme seine Zuneigung an. Ich gebe stets das Beste in jeder Situation und gehe als leuchtendes Beispiel voran."

Bei Formulierungen um das Zusammenleben oder die Liebe ist es wichtig zu beachten, dass wir nicht die Möglichkeit haben, mit mentalen Kräften den anderen zu beeinflussen. Wir können nur uns in Ordnung bringen und als „leuchtendes Beispiel" vorangehen. Wir haben nicht das Recht, dem anderen unsere Vorstellung aufzudrängen. Lieben heißt Geben. Durch Geben können wir lernen, Liebe anzuziehen. Die Autosuggestion ist hierbei eine hervorragende Hilfe.

Fehler, die beim Formulieren passieren können

- Sie formulieren unpräzise und ungenau. Das Ergebnis wird dann ebenso ungenau aussehen.
- Sie formulieren das Ziel zu extrem, also unrealistisch. Da sich dann der Zweifel meldet, werden Sie auch damit keinen Erfolg haben. Einerseits geben Sie dem Unterbewusstsein in Form von Wort und Bild Ihr Ziel vor, andererseits zweifeln Sie im Innersten, und die seelischen Kräfte, Ihr Gefühl, arbeiten dann gegen Ihr Ziel.

> **Wenn Wille und Glaube einander feindlich gegenüberstehen, siegt immer und ausnahmslos der Glaube.**
> Emil Coué

- Sie wechseln häufig Ihre Suggestionstexte, um mehrere Ziele gleichzeitig zu erreichen. Dabei werden Sie feststellen, dass Sie zwar allen Zielen näher rücken, Sie aber keinen durchschlagenden Erfolg haben. Sie zerstreuen Ihre Kräfte! Denken Sie daran:
  „Worauf Sie Ihre Aufmerksamkeit richten,
  dahin fließt Ihre Lebenskraft."

Zu vieles erreichen zu wollen bedeutet, die Lebensenergie zu zersplittern. Es ist wie das Schießen mit einer Schrotflinte. Die Kugeln verstreuen sich beim Abschuss in die Breite, ein Ziel kann nicht präzise getroffen werden. Anders ist es mit einem Pfeil. Die Kraft ist geballt und konzentriert, und Sie können damit ein entferntes Ziel sicher erreichen.

- Sie können sich mit Ihrem Text nicht identifizieren. Sie „leiern" die Suggestion einfach herunter oder sind nicht davon überzeugt, dass der Text Ihr Unterbewusstsein positiv beeinflusst.
  Daher schlage ich Texte immer nur vor. Ausformulieren müssen Sie diese selbst mit Ihren Worten, so dass Sie damit eins sein können. Jedes Wort muss Ihnen gefallen. Verwenden Sie Ihren eigenen Wortschatz, allerdings positiv und aufbauend.
- Sie zweifeln an Ihren eigenen Worten, nach dem Motto „Ich mache mir doch etwas vor, die Realität ist doch ganz anders." Wenn Sie so denken, ist der Misserfolg schon vorprogrammiert. Sehen Sie: Ihre Annahme, dass es in der Zukunft nicht passieren würde, ist nur eine Vermutung, ohne jeglichen Beweis. Sie existiert nur in Ihrem Geist, genauso irreal wie Ihre positive Suggestion. Wenn Sie etwas an Ihrer Zukunft ändern wollen, dann müssen Sie das in die Zukunft projizieren, was Sie sich wünschen, und nicht das, was Sie befürchten. Erstaunlicherweise funktioniert Angst als Programmierung sehr gut. Bei ihr zweifeln wir nicht, ob das Befürchtete eintrifft. Wir glauben daran, dass es kommt, und siehe da, meistens haben wir Recht.
- Sie schließen andere in Ihre Formulierungen ein und wollen sie beeinflussen. Auch dies ist ein Fehler, denn Sie können von anderen positiv denken, sollen sogar positive Gefühle und Gedanken aussenden, aber Sie sollen und können andere nicht ändern, sondern nur sich selbst, auch wenn Sie es noch so gut meinen.
- Ihre Motivation stimmt nicht – nach dem Motto: „Nun, ich versuche es einmal, und wir werden ja sehen, was dabei herauskommt." Diese Einstellung wäre gut, hätten Sie einen positiven, unerschütterlichen Glauben. Meist aber ist der negative Glaube vorherrschend, und dann kann das Alphatraining nicht funktionieren.

Niederschrift der eigenen Suggestionen

Klären Sie zuerst, was Sie mit Hilfe Ihres Unterbewusstseins erreichen möchten. Schreiben Sie Ihre Ziele für die nächste Zeit nieder, es können auch entfernte Ziele sein.

Ziele, die ich mit mentalem Training erreichen möchte:

1.	
2.	
3.	
4.	
5.	
6.	
7.	
8.	
9.	
10.	

Wägen Sie nun ab und notieren Sie am rechten Rand die Prioritäten. Machen Sie eine A-B-C-Analyse (sehr wichtige/ wichtige/ weniger wichtige Ziele). Es genügt vorerst, drei Ziele zu kennen. Nehmen Sie nun das A-Ziel und formulieren Sie es mit Ihren Worten aus.

Angenommen, Sie möchten mehr Geld verdienen.
Der Ist-Zustand: Ich hasse es, jeden Morgen zu meiner Arbeit zu gehen. Ich möchte einen anderen Beruf haben und mehr verdienen. Ich möchte aktiv mitarbeiten und nicht nur ein Mitläufer sein. Ich komme mit meinen Arbeitskollegen nicht zurecht. Jeden Morgen muss ich mich überwinden, zur Arbeit zu gehen. Ich will Freude an meiner Arbeit haben und mehr verdienen.

Das ist also Ihre Situation. Jetzt können Sie an die Arbeit gehen und eine positive Veränderung in Ihrem Leben mit Hilfe der Suggestion und der Vorstellungskraft herbeiführen.

Die Suggestion muss so gewählt werden, dass Sie das Gedachte rational für möglich halten und Ihrem Unterbewusstsein das Ergebnis des erwünschten Endzustandes präsentieren. Liegt der Wunsch außerhalb Ihrer Vorstellungskraft, dann prallen konträre Programme aufeinander.

Mögliche Suggestion:
Ich gebe in meiner Arbeit das Beste. Ich nehme meine Kollegen an, wie sie sind. Durch mein freundschaftliches, kollegiales Verhalten und mein fleißiges Arbeiten ziehe ich die mir zustehende, richtige Position magnetisch an und verdiene immer mehr Geld. Ich gebe stets mein Bestes und freue mich, ein leuchtendes Vorbild zu sein. Ich erfülle mich in meinem Beruf und gebe stets mehr als von mir erwartet wird. Ich gebe das Beste und erhalte das Beste.

Um die richtige Position zu erhalten, müssen Sie sich innerlich dazu bereitmachen. Wenn Sie die Gegenwart als absolut sehen und glauben, Sie könnten nichts ändern, dann gibt es keinen Ausweg. Wenn Sie im jetzigen Job nur widerwillig arbeiten, können Sie nicht weiterkommen. Denken Sie daran, die Arbeit muss sowieso getan werden, solange Sie nichts Neues haben. Warum dann mit Widerwillen, warum sich quälen? Arbeiten Sie mit Freude, denn die Zeit vergeht sowieso, und Ihr Unterbewusstsein erhält somit positive Signale. Versuchen Sie zuerst zu erkennen, warum Sie diese Schwierigkeiten haben; geben Sie dann dem Schicksal Bescheid, dass Sie nun bereit sind, dass Sie aus der Situation gelernt haben und dass diese Hindernisse ab sofort überflüssig sind. Sie haben die Aufgabe erkannt und sind nun bereit für eine neue, bessere Position. Erkennen Sie, dass Sie nicht zufällig dort stehen, wo Sie heute sind.

Positive Worte erzeugen positive Gefühle.

Formulierungen über Erfolg, Geld, Karriere und Wohlstand empfehle ich mit einem aktiven Schritt zu verbinden. Warum? Viele glauben, sie bräuchten nur zu programmieren, und das Schicksal brächte ihnen dann alles ins Haus, ohne dass sie in Aktion treten müssten. Das stimmt nicht. Wir haben unseren Körper, damit wir ins Handeln kommen. Mit der Formulierung des aktiven Handelns bekunden wir dem Schicksal: „Ich bin bereit, einen Einsatz zu bringen." Wir wollen dann nicht nur etwas haben, sondern wir bieten auch unseren Einsatz dafür.

Zu suggerieren „Ich habe eine Million auf dem Konto“ ist daher unrealistisch. Warten Sie nicht nur auf das schnelle Geld, einen Lottogewinn. Sollten Sie darauf warten, möchte ich erwähnen, dass nur zwei bis drei Prozent der Lottogewinner damit glücklich geworden sind. Alle anderen hatten nach einiger Zeit mehr Schulden als vorher. Wer mehr verlangt als er verdient, den stellt das Schicksal manchmal auf die Probe. Wer nicht richtig damit umgeht, fällt tiefer und muss von vorne beginnen.

Angenommen, Sie möchten gesund werden

Der Ist-Zustand: Ich befinde häufig in Stresssituationen, die sich bereits auf meine Gesundheit auswirken. Nachts kann ich nicht ruhig schlafen, oft habe ich Schweißausbrüche, trinke zu viel Kaffee und stehe den ganzen Tag unter Druck. Ich spüre manchmal Herzbeschwerden. Ich will den Stress loswerden und mehr Zeit für Entspannung haben.

Mögliche Suggestion:
„Ich bin in jeder Situation ruhig und gelassen. Ich erledige eine Sache nach der anderen und bleibe dabei immer ruhig und gelassen. Mein Herz schlägt ruhig und gleichmäßig. Abends, wenn ich mich ins Bett lege, schlafe ich sofort ein und schlafe tief und fest bis zum Morgen durch. Morgens wache ich frisch und erholt auf. Ich entspanne mich während kurzer Pausen und bleibe in jeder Situation ruhig und gelassen. Ich genieße die Ruhe in mir.“

Matthew Manning, der berühmte englische Heiler, ist der Auffassung, dass alle Krankheiten durch Stress ausgelöst werden. Er glaubt, dass durch Stress das Immunsystem geschwächt wird und sich daher verschiedene Krankheiten ausbreiten können. Sie tun also viel Gutes für Ihre Gesundheit, wenn Sie sich entspannen und dadurch Ihren Geist und Ihren Körper kräftigen. Lassen Sie sich regelmäßig untersuchen und tun Sie das, was Ihnen der Arzt rät. Sie können durch richtige Ernährung und eine gesunde Einstellung mehr für Ihren Körper tun als durch Psychopharmaka. Eine gesunde Einstellung ist das beste Heilmittel. Entspannung kann diesem Prozess nur förderlich sein. Nur wenn Sie Gesundheit zulassen, kann sie sich auch verwirklichen. Wichtig ist dabei die Korrektur des Selbstbildes. Wir werden später ausführlicher darauf zurückkommen.

Gestalten Sie Ihr Schicksal selbst, sonst tun dies andere für Sie.

Der Vater des positiven Denkens, Dr. Joseph Murphy, schreibt: „Der unendlichen Kraft Ihres Unterbewusstseins ist nichts unmöglich. Alles, was Sie wirklich glauben, wird sich verwirklichen."

Gehen Sie nun an die Arbeit und formulieren Sie Ihr A-Ziel in üblicher Form. Notieren Sie, was Sie stört und unzufrieden macht:

Wie können Sie Ihr Ziel kurz beschreiben?

Nun folgt die positive Formulierung Ihrer Suggestionen. Achten Sie darauf, den Text ich-bezogen und im Präsens zu formulieren und den Endzustand ohne Verneinungen und Absichten zu beschreiben.

Meine persönliche Suggestion für mein wichtigstes Ziel:

An dieser Suggestion können Sie immer wieder Verbesserungen anbringen. Erst wenn Sie sich mit jedem Wort identifizieren können, sollten Sie mit ihr arbeiten. Lassen Sie sich Zeit. Formulieren Sie Ihr Ziel kurz und knapp. Jeder Satz soll Freude in Ihnen auslösen. Beschreiben Sie immer den Endzustand.
Eine ganz allgemein gültige Suggestion, die Sie beliebig ausbauen können, ist zum Beispiel die bereits erwähnte Suggestion von Emil Coué:

> *„Mir geht es von Tag zu Tag in jeder Beziehung besser und besser."*

Die Kraft der Vorstellung

Jedes Wort wird im Unterbewusstsein in ein Bild umgewandelt. Mit Ihrem Geist haben Sie die Fähigkeit, sich eine nicht vorhandene Situation vorzustellen. Sie können sich ein Bild ausmalen, wie es sein wird, wenn Sie Ihr Ziel erreicht haben. Dieses Bild versteht das Unterbewusstsein, und dann geht es an die Arbeit, das Ziel zu verwirklichen. Geben Sie kein Bild vor, sondern nur die Suggestion,

dann wird das Unterbewusstsein Bilder assoziieren. Wenn Sie nun bewusst programmieren, sollten Sie gezielt die Bilder vorgeben, die mit Ihren Suggestionen in Einklang sind, ohne dass sich das Unterbewusstsein sein eigenes Bild machen muss. Ihr Geist besitzt die Vorstellungskraft, die die Wirklichkeit schafft.
Beachten Sie unbedingt, dass die Vorstellung, also das Bild, mit den Suggestionen in Einklang steht, damit Sie ein optimales Ergebnis erhalten. Denken Sie an das Gesetz der Imagination *(imago = lat. Bild)* von Emil Coué:

> *„Jede bildhafte Vorstellung, die uns erfüllt, hat das Bestreben, sich zu verwirklichen."*

Bestimmen Sie daher mit Ihrer Vorstellungskraft, was Sie erreichen wollen. Überlassen Sie nichts dem Zufall, sondern bestimmen Sie diesen. In der Alpha-Phase ist das Unterbewusstsein besonders empfänglich für Worte und Bilder. Wenn Sie in dieser Phase die richtigen Bilder eingeben, beeinflussen Sie das Unterbewusstsein, und es setzt alle seine Kräfte zur Verwirklichung des Ziels ein.

Ich habe im Leben Erfolg gehabt. Jetzt versuche ich, das Leben zum Erfolg zu machen.
Brigitte Bardot

Kehren wir zurück zu unseren Beispielen:

Beispiel 1: Gesundheit / Kopfschmerzen
Die Formulierung ist klar. In Ihrem Geist könnten Sie folgendes Bild entstehen lassen: Sie sitzen auf einer Wiese oder an einem Strand und sehen, wie Sie tief durchatmen und sich rundum wohl fühlen. Sie können sich vorstellen, wie klar und frei Ihr Kopf ist, Sie können den Zustand eines klaren Kopfes genießen. Oder Sie können sich vorstellen, zu Ihrem Arzt zu sagen: „Herr Doktor, seit Tagen geht es mir besser, mein Kopf ist frei und ich fühle mich wie neugeboren." Sehen Sie dabei das zufriedene Gesicht Ihres Arztes und fühlen Sie, wie er sich freut und Ihnen die Hand schüttelt.
Ihren Vorstellungen sind keine Grenzen gesetzt. Wählen Sie das Bild, bei dem Sie sich am wohlsten fühlen. Lassen Sie sich nicht von der Tatsache beeindrucken, dass es im Moment nur Vorstellung ist, sondern erleben Sie die Vorstellung als Realität in einer höheren Dimension. Damit schaffen Sie Tatsachen.

Beispiel 2: Gesundheit / Magenschmerzen
Hier können Sie sich vorstellen, gerade bei Ihrem Lieblingsmahl zu sitzen. Sie stellen sich vor, wie wohl Sie sich fühlen und zu Ihrem Partner sagen: „Ich kann wieder alles essen, mein Magen ist gesund." Sehen Sie sich in Situationen, in denen Sie früher Schmerzen hatten, nun voller Gesundheit und Freude. Erleben Sie die Situation intensiv. Genießen Sie das Essen in dem Bewusstsein, dass Ihr Magen alles gründlich verdaut.
Geben Sie dem Unterbewusstsein ein klares Bild, wie es ist, wenn Sie sich wohl fühlen und in Ihrem Magen alles in Ordnung ist. Es wird dann seinerseits alles tun, um diesen Zustand hervorzurufen. Achten Sie aber auch darauf, was Sie essen und wie Sie essen.

Beispiel 3: Geld / Reichtum
Hierbei können Sie sich vorstellen, wie Sie Ihre Kontoauszüge betrachten und auf der Haben-Seite einen höheren Betrag entdecken. Betrachten Sie den Auszug genau und erfreuen Sie sich an Ihrem Guthaben. Legen Sie einen Ordner an, in dem alle beglichenen Rechnungen abgelegt werden. Stellen Sie sich vor, wie der Bankdirektor Ihnen gratuliert und Anlagemöglichkeiten vorschlägt. Sehen Sie sich gut gekleidet durch die Straßen gehen, mit genügend Geld im Portmonee.

Der Weg zum Erfolg wäre kürzer, wenn es unterwegs nicht so viele reizvolle Aufenthalte gäbe.
Sacha Guitry

Unabhängig davon, ob Sie Schulden haben oder nur im Moment nicht flüssig sind: Sie müssen das vorgeben, was Sie im Endergebnis haben möchten. Wenn Sie immer nur an Ihre Schulden denken, dann ziehen Sie weitere Schulden magisch an. Wenn Sie an ein gutes Gehalt denken, wird sich auch das verwirklichen, es kann nur etwas dauern.

Beispiel 4: Partnerschaft / Glück in der Beziehung
Sehen Sie sich, wie Sie mit Ihrem Partner glücklich spazieren gehen, oder wie sich Ihr Partner mit einem Bekannten unterhält und sagt: „Er/sie ist so tolerant geworden, er/sie hat sich so zum Vorteil verändert. Ich genieße jeden Tag mit ihm/ihr von neuem."
Sehen Sie sich in Momenten, wo es früher Schwierigkeiten gab, anders reagieren, sehen Sie, wie harmonisch die Stim-

mung zwischen Ihnen und Ihrem Partner auch in schwierigen Situationen ist.
All diese Bilder sollen in Einklang mit Ihrer Suggestion sein. Sie sollen in der Vorstellungskraft das ausdrücken, was Sie in Worten denken.

Wie sieht Ihr Ziel aus?

Beschreiben Sie Ihr Ziel in allen Einzelheiten, malen Sie es sich im Geiste aus. Oder zeichnen Sie sich das Bild auf Papier. Wenn Sie zum Beispiel abnehmen möchten, könnten Sie sich ein Bild zeichnen, das eine realistische Figur zeigt. Dann könnten Sie dieser Ideal-Figur Ihr Gesicht geben, indem Sie ein Foto von sich zerschneiden und die Zeichnung mit Ihrem Kopf vervollständigen. Oder Sie nehmen ein Bild aus der Zeit, als Sie noch die Figur hatten, die Sie wieder haben möchten. Achten Sie darauf, dass es ein realistisches Bild ist. Sie können keine Wunschträume verwirklichen, sondern nur erreichbare Ziele, die zu Ihnen passen und mit denen Sie sich identifizieren können. Lesen Sie sich in Ruhe die Suggestionsformel vor und lassen Sie dabei Ihr Wunschbild entstehen.

Die Kraft des Gefühls und des Glaubens

Das Gefühl ist die dritte wichtige Kraft beim bewussten Verursachen. Wenn Sie in der Alpha-Phase Ihre Suggestion denken oder hören und dabei ein schönes Bild des erwünschten Endzustandes vor Ihrem geistigen Bildschirm auftaucht, meldet sich aus dem Unterbewusstsein ein Gefühl – der Glaube. Dieses Gefühl entscheidet nun, wie schnell Ihr Ziel erreicht wird, wie viel Energie Sie aufwenden müssen.

> Glaube ist eine Art von sechstem Sinn, der wirksam wird, wenn die Vernunft versagt.
> Mahatma Gandhi

Je mehr Gefühl Sie einer Sache widmen, desto mehr Energie lenken Sie darauf und umso schneller erreichen Sie Ihr Ziel. Das funktioniert sowohl im positiven als auch im negativen Sinne. Wir kennen die Energieverschwendung durch Reaktionen wie Ärger oder Hass. Diese Gefühle in eine positive Richtung zu lenken kann Wunder geschehen lassen.

Was passiert bei Ärger? Ein bestimmter Auslöser, eine Situation, ein Ereignis oder Wortwechsel, gelangen in Form eines Bildes zum Unterbewusstsein. Dort entsteht in kürzester Zeit eine Wertung aufgrund der vorhandenen, eingespeicherten Programme. Wird nun die Situation als „ärgerlich" empfunden, wird der Impuls zum Gehirn gesandt. Nun steigen Gefühle auf, die die Gedanken beschäftigen, und der Kreislauf schließt sich. Die Gefühle versorgen die Situation mit negativer Energie, die wiederum auf alle Organe wirkt.

Dieser Kreislauf wird unterbrochen, indem Sie die Gedankendisziplin üben und nur positive, erwünschte Gefühle zulassen. Wenn Sie sich Ihr Ziel suggerieren, sollten Sie von einem angenehmen, zufriedenen und glücklichen Gefühl begleitet werden. Sie müssen Ihr Bild mit Freude füllen, mit innerer Genugtuung und mit Dank darüber, dass Sie Ihre Ziele verwirklicht haben. Es muss der feste Glaube an das aufsteigen, was Sie sich wünschen.

> **Wenn der Glaube stark ist,
> kann er Berge versetzen.
> Aber ist er auch noch blind,
> dann begräbt er das Beste darunter.**
> Karl Heinrich Waggerl

Zweifel melden sich meist in Form von unguten Gefühlen. Lassen Sie keine zu, spielen Sie die perfekte Show in Ihrem Geiste. Erkennen Sie, dass Sie Schöpfer und Träger Ihres Schicksals sind. Erkennen Sie, dass Zweifel auch ein Showspielen ist, allerdings eine Show, die Sie vermeiden möchten.

Je stärker das Gefühl ist, umso stärker wird das Ziel mit Energie aufgeladen. Das ist ein klares Signal für Ihr Unterbewusstsein, genau diese Situation zu schaffen. Alle drei Kräfte sind dann gleichgerichtet und konzentrieren sich auf den Endzustand, durch die Suggestion (das Wort), in der Vorstellung (das Bild) und im Gefühl (der Glaube).

Mehr können Sie in der Phase der Entspannung nicht tun. Wenn Sie sich aber bemühen, Ihre Kräfte positiv zu nutzen, und sie auf das Endergebnis programmieren, dann ist sicher, dass Sie Ihre Ziele erreichen, es ist nur noch eine Frage der Zeit.

Zu unseren vier Fallbeispielen *(Seite 58 – 61)* nun noch einige Vorschläge, wie Sie positive Gefühle erzeugen können:

Zu Beispiel 1:
Während Sie auf der grünen Wiese oder am Strand sitzen, empfinden Sie ein tiefes Gefühl der Dankbarkeit. Empfinden Sie ganz intensiv Dankbarkeit und Freude. Seien Sie glücklich, erlauben Sie sich, sich ganz auf die Freude einzulassen.

Zu Beispiel 2:
Genießen Sie jeden Bissen. Freuen Sie sich, im Kreise der Familie essen zu können. Freuen Sie sich, wie gut es Ihnen geht, empfinden Sie tiefe Zufriedenheit und Dankbarkeit.

Zu Beispiel 3:
Spüren Sie die Freude, die durch Ihren ganzen Körper fließt, wenn Sie Ihre Kontoauszüge betrachten. Empfinden und genießen Sie das Gefühl, wie sich der Bankberater um Sie bemüht. Sehen Sie sich auf der Gewinnerseite.

Zu Beispiel 4:
Empfinden Sie, wie es ist, zu zweit glücklich zu sein. Erleben Sie die Freude gemeinsamer Stunden. Freuen Sie sich in Ihrem Innersten, wenn Ihr Partner von Ihnen schwärmt.

Erleben Sie den erwünschten Endzustand. Das ist das Geheimnis der Worte aus der Bibel: „Dir geschehe nach deinem Glauben." Ihr Glaube, Ihr innerstes Gefühl, entscheidet über den Ausgang Ihrer Programmierung.
Dabei entscheidet das Unterbewusstsein nicht zwischen Erfolg und Misserfolg. Für das Unterbewusstsein gibt es nur Erfolg. Es folgt Ihren Gedanken, Vorstellungen und Gefühlen. Alles ist auf den Zusammenhang zwischen Ursache und Wirkung zurückzuführen.

Die meisten Menschen lassen sich lieber durch Lob ruinieren als durch Kritik bessern.
George Bernhard Shaw

Hierzu noch eine Anmerkung:
Bleiben Sie gelassen. Gehen Sie einfach locker und sicher davon aus, dass das geschieht, was Sie verursachen. Wenn Sie krampfhaft

ein Ziel erreichen wollen, wird dies nach dem Gesetz der Imagination genau das Gegenteil bewirken. Das Gesetz stammt auch von Emil Coué:

„Jede willentliche Anstrengung bewirkt das Gegenteil."

Verkrampfung ist Anstrengung, verbunden mit dem Glauben, dass es nicht so einfach gehen kann. Verkrampfung bezeugt dem Unterbewusstsein, dass man nicht so recht an die Verwirklichung glaubt. Ansonsten könnte man locker sein, in der Gewissheit, dass es sowieso geschieht, wie es verursacht wurde. Sich nicht anzustrengen bedeutet nicht, einfach nichts zu tun, sondern es bedeutet, alles nur Mögliche zu tun, in der Gewissheit, dass man das Ziel erreicht.

Fassen wir zusammen

Bis jetzt haben Sie einiges zu folgenden Themen erfahren:

1. Vorbereitende Übungen zur bewussten Entspannung
2. Zwei Arten von Auslösern, um in Alpha zu kommen: die Farbentspannung und das Rückwärtszählen
3. Das schriftliche Erarbeiten einer Suggestion
4. Wie Sie ein motivierendes Zielbild schaffen, und warum das so wichtig ist
5. Gefühle und Glaube, und wie diese Kräfte zur Zielerreichung eingesetzt werden
6. Wie Sie Wort, Bild und Tat auf Ihr Endziel richten

Auch wissen Sie nun, wie eine Kassette besprochen wird. Sie können jetzt darangehen, den eigentlichen Text für die Farbentspannung oder das Rückwärtszählen zu erstellen. Ich möchte Ihnen hierbei einen Vorschlag unterbreiten, der sich in der praktischen Anwendung, in den Seminaren und bei mir selbst, bewährt hat.

Lust und Liebe zu einem Ding macht die schwerste Arbeit gering.
Unbekannt

Text zur Farbentspannung

Die Anwendungsmöglichkeit der Farbentspannung ist sehr breit. Sie können sich Gegenstände vorstellen oder Farbtafeln. Genauso gut können Sie sich vorstellen, eine Wand nach und nach mit der entsprechenden Farbe zu streichen oder einen ganzen Raum in entsprechender Farbe.

> **Es ist ein ungeheures Glück, wenn man fähig ist, sich zu freuen.**
> George Bernhard Shaw

Sie haben immer zwei Möglichkeiten, die Entspannungstechnik anzuwenden: Entweder Sie lernen den jeweiligen Text auswendig und suggerieren ihn sich während der Entspannung, oder Sie sprechen alles auf eine Kassette und lassen sich führen. Ich empfehle, am Anfang mit einer Kassette zu arbeiten, damit sich die Aufmerksamkeit völlig auf das Geschehen richten kann. Die Praxis hat gezeigt, dass man leichter loslassen kann, wenn man geführt wird.
Wählen Sie eine Entspannungsübung *(Seite 40 – 45*) oder einen Einführungstext wie folgt:

Ich liege ruhig und bequem und fühle mich wohl.
Ich atme langsam und gleichmäßig und beobachte meinen Atem.
Mit jedem Atemzug sinke ich tiefer und tiefer in eine wunderbare Ruhe und Entspannung.
Ich verändere nichts und beobachte meinen Atem.
Mit jedem Einatmen nehme ich Ruhe auf, und mit jedem Ausatmen lasse ich Unruhe ausströmen.
Mein ganzer Körper ist entspannt und gelöst.
Ich entspanne jetzt meine rechte Hand. Meine rechte Hand ist ganz entspannt.
Nun entspanne ich meine linke Hand. Meine linke Hand ist ganz entspannt.
Jetzt entspanne ich meinen rechten Unter- und Oberarm.
Auch mein linker Unter- und Oberarm ist jetzt ganz entspannt.
Mein rechtes Bein ist entspannt.
Mein linkes Bein ist entspannt.
Meine Beine sind vollkommen entspannt.
Mein Gesäß und mein Becken sind entspannt.
Auch mein Bauch ist entspannt. Die Muskeln im Bereich des Bauches sind weich und entspannt.

Jetzt entspanne ich meinen Rücken. Alle Muskeln in meinem Rücken sind locker und gelöst.
Mein Hals ist entspannt und gelöst.
Meine Schultern und mein Nacken sind entspannt und gelöst.
Alle Muskeln in meinem Gesicht sind locker, die Zunge liegt entspannt in meinem Mund, die Augen sind geschlossen, und alle Muskeln sind entspannt.
Ich fühle, wie mein ganzer Körper locker und entspannt ist.
Ich bin vom Kopf bis zu den Zehen entspannt.

Dies kann eine Einleitungsentspannung sein. Nun kann die Farbentspannung folgen:
Ich fühle mich wohl und entspannt. Ich fühle Ruhe und Geborgenheit. Mit jedem Atemzug entspanne ich mich noch mehr. Tiefe Ruhe erfüllt mein Gemüt, und ich genieße diesen Zustand der Ruhe und Entspannung.
Ich stelle mir nun vor, wie ich ein Zimmer betrete. Alles in diesem Raum ist mit roter Farbe ausgestattet. Die Wände aus roter Seide schimmern im Licht, der Teppichboden ist rot, die Sessel, alles ist rot. Ein ungewöhnlich schöner Anblick. Ich genieße diesen Augenblick.

(Einige Sekunden Pause …)

Jetzt öffne ich die Tür zum nächsten Zimmer und schreite durch die Tür. In diesem Raum ist alles orange. Wände, Boden, alles ist orange wie eine Orange, frisch und lebendig. Ich empfinde die Schwingung dieser Farbe – eine lebendige Schwingung.

(Einige Sekunden Pause …)

Ich schreite zur nächsten Tür und öffne sie. Ich sehe nun einen Raum, der in hellem Gelb ausgestattet ist. Er leuchtet wie eine Sonne. Ein ruhiges Gefühl durchströmt mich, und ich entspanne immer mehr. Ich gebe mich ganz dieser Farbe hin, fühle und empfinde die Schwingung. Ich genieße diesen Augenblick.

(Einige Sekunden Pause …)

Nun schreite ich ins nächste Zimmer. Ein harmonisches, behagliches Grün erfüllt diesen Raum. Die Farbe ist frisch wie eine Frühlingswiese. Ich empfinde ebenfalls die Schwingung dieser

Farbe: Sie ist beruhigend, und ich genieße diesen angenehmen, wohltuenden Zustand. Ich sehe mich noch einmal um – mitten in diesem Grün.

(Einige Sekunden Pause …)

Jetzt gehe ich in den nächsten Raum. Dieser ist in Blau gehalten – wie das Meer oder der wolkenlose Himmel. Wände, Sessel, Böden, alles in einem schönen erfrischenden Blau. Diese Farbe erzeugt ein behagliches, sicheres Gefühl in mir, und ich entspanne dabei noch mehr. Ich empfinde diese Farbe ganz deutlich und genieße die wunderbare Entspannung.

(Einige Sekunden Pause …)

Ich schreite weiter in den nächsten Raum, und dieser ist ganz in Lila. Die Wände sind mit lila Stoff bespannt – wie der Flieder im Frühling. Ich empfinde diese beruhigende Farbe Lila in meinem ganzen Gemüt. Ich bin ganz ruhig und entspannt. Ich lasse los und spüre nur noch meinen Atem. Alle anderen Aktivitäten lasse ich los. Ich ruhe in mir, in meiner Mitte, im Zentrum meines Herzens. Ich lasse mich fallen, immer tiefer und tiefer.

(Einige Sekunden Pause …)

Nun stehe ich vor der letzten Türe, vor dem Tor zu meinem Unterbewusstsein. Ich öffne und betrete einen über und über violetten Raum. Die Wände glänzen und es ist, als ob ich in einer anderen Welt wäre. Alles ist ruhig und harmonisch. Ich bin gelöst und ausgeglichen. Mein Geist ist klar, und mein Unterbewusstsein ist offen für meine Wünsche. Noch einmal betrachte ich das Violett und spüre, welche Ruhe mich dabei durchströmt. Ich genieße diesen Zustand der Ruhe, Gelassenheit und Entspannung.

Vor meinem geistigen Auge stelle ich mir nun eine Wiese vor. Ich lege mich bequem in das von der Sonne aufgewärmte Gras und schließe meine Augen. Ich spüre den Grasteppich unter meinem Körper, genieße die Ruhe und die Umgebung …

Der Ort für Ihre geistige Entspannung

Dieser Ort soll in Zukunft Ihrer geistigen und seelischen Regeneration dienen. Computernutzer kennen den Bildschirmschoner auf dem Monitor, wenn sie gerade nicht mit dem Rechner arbeiten. Installieren Sie in Ihrem Geist einen solchen „Schoner" als Ort der Ruhe. Sie können ihn immer, jederzeit und überall aufsuchen. Ihr geistiger Entspannungsort ist Ihr Eigentum. Dort können Sie sich die Welt schaffen, die Sie sich wünschen. Es kann eine Wiese wie im obigen Beispiel sein, eine Waldlichtung, ein Berg oder ein Strand. Wenn Sie sich den Ort in der Entspannung ausmalen, können Sie sich vorstellen, wie Sie auf Ihrer Wiese liegen oder wie Sie im Wasser baden, Sie sehen sich in einer Szene. Es muss nicht ein Ort sein, den es wirklich gibt, er kann auch nur in Ihrer Vorstellung existieren.

Es sollte ein Platz sein, an dem Sie sich rundum wohl fühlen. Ihrer Fantasie sind dabei keine Grenzen gesetzt. Wichtig ist nur eins: Wenn Sie an diesen Ort denken, soll in Ihnen ein angenehmes Gefühl aufsteigen, es ist Ihr künftiger geistiger Entspannungsort.

Matthew Manning, der bereits erwähnte englische Geistheiler, wendet bei der Behandlung aller Krankheiten diese Entspannungs- und Visualisierungsmethoden an. Dabei zeigt er seinen Patienten, wie sie ihre körpereigenen Kräfte aktivieren können. Seine erfolgreichen Methoden basieren auf der Alpha-Entspannung und dem kreativen Vorstellen.

An Ihrem Entspannungsort, in der Alpha-Phase, können Sie aktiv an sich und Ihren Zielen arbeiten. Sie können sich selbst heilen, können Gewohnheiten ändern oder Ihren Erfolg verursachen. Alles, was Sie hier schaffen, beeinflusst Ihr Unterbewusstsein; es wird seine ganze Energie darauf lenken.

Dumme Gedanken hat jeder. Nur der Weise verschweigt sie.
Wilhelm Busch

Je besser Sie sich etwas vorstellen können, desto schneller werden Sie Ihr Ziel erreichen. Interessant dabei ist, dass Sie Ihr gesamtes Immunsystem während der Entspannung stärken; dass Sie anschließend mehr Kraft und Kapazität zur Verfügung haben, habe ich bereits erwähnt.

In zahlreichen Biografien können Sie lesen, dass erfolgreiche Menschen sich zuerst in den Erfolg hineinversetzt haben, bevor er für sie

Realität wurde. Sie haben sozusagen die Zukunft vorweggenommen. Das ist mit dem „bewussten Verursachen“, dem Visualisieren, gemeint.
Am Ort Ihrer geistigen Entspannung können Sie Ihre Zukunft gestalten, Sie können Ihre Gedanken aussenden und all das sehen und erleben, was Sie sich wirklich wünschen.

Programmieren am „geistigen Entspannungsort“

Wenn Sie entspannt sind und sich an Ihren geistigen Entspannungsort versetzt haben, können Sie beginnen, Ihr Ziel zu suggerieren. Wiederholen Sie im Geiste mehrere Male ruhig und sicher Ihre Suggestionen und stellen Sie sich dabei das zugehörige Bild vor, welches Sie schon ausgearbeitet haben. Sehen Sie die Endsituation klar und deutlich, und freuen Sie sich darüber, wie wunderbar Sie sich fühlen, an Ihrem Ziel angelangt zu sein. Versetzen Sie sich mit Worten, Vorstellungen und Gefühlen in diesen wunderbaren Endzustand. Sehen Sie Szenen. Beeinflussen Sie Ihr Unterbewusstsein mit klaren Suggestionen und deutlichen Bildern. Lassen Sie das Bild Ihres Zieles so lange auf Ihrem „Bildschirm“ verweilen, bis Sie sich innerlich der Verwirklichung ganz sicher fühlen. Lassen Sie alle positiven Gefühle der Freude, des Erfülltseins und der Harmonie zu. Freuen Sie sich und lassen Sie sich von diesen positiven Gefühlen ganz durchfluten. Kein Umstand, nichts kann Sie hindern, in Ihrer geistigen Welt Ihr Idealbild des erwünschten Endzustandes zu sehen, zu fühlen und zu erleben. Wir spielen in der Vorstellung gleich einem Schauspieler die Idealrolle, die wir uns wünschen, die uns herausfordert. Ergebnis: Das Unterbewusstsein nimmt diese Rolle in sich auf und gibt sie dem Schicksal zur Verwirklichung. Mit anderen Worten: Ihr Glaube schafft Tatsachen.

> **Der Mensch lernt solange er lebt, und stirbt doch unwissend.**
> Jugoslawisches Sprichwort

Mein Freund Kurt Tepperwein sagt: „Wissen stellt Tatsachen fest, Glaube schafft Tatsachen.“

Sie kennen die Realität in Ihrem Leben, aber Sie möchten eine neue Realität schaffen. Dazu müssen Sie den Mut haben, die alte Realität hinter sich zu lassen. Hierzu gibt es eine wunderbare Übung: Erleben Sie jeden Tag neu! Üben Sie gelegentlich, den Tag nach Ihrem Ideal zu leben. Ohne irgendeinen Zwang, ohne dass Sie sagen: „Ich muss."

Wenn Sie morgens aufwachen, dann nehmen Sie sich einfach vor, diesen einen Tag ganz ausgefüllt zu erleben. Gehen Sie Ihren Arbeiten nach und erledigen Sie diese bestens. Tun Sie etwas, was Ihnen Freude macht, und vielleicht auch etwas, was Sie schon lange vor sich hergeschoben haben. Erleben Sie nur diesen einen Tag, ohne an gestern oder an morgen zu denken. Sie erledigen alles optimal, im Augenblick. Sie werden feststellen, wie leicht Sorgen damit verschwinden. Warum? Weil Sorgen nur dann entstehen, wenn wir an die Zukunft oder an die Vergangenheit denken. *Sorgen sind in die Zukunft projizierte Ängste.*

> **Keiner, der die Hand an den Pflug gelegt hat und nochmals zurückblickt, taugt für das Reich Gottes.**
>
> Lukas 9,62

Mit dem aktiven mentalen Training haben Sie ein hervorragendes Werkzeug in der Hand, wenn Sie richtig damit umgehen. Nichts geschieht von alleine und niemand kann Ihr Schicksal beeinflussen – außer Ihnen selbst. Werden Sie sich dieser Tatsache bewusst und stehen Sie dazu, übernehmen Sie die Verantwortung für sich, und ändern Sie, was Ihnen nicht gefällt. Werden Sie ein neuer Mensch. Schaffen Sie sich an Ihrem geistigen Entspannungsort *Ihre Welt.*

Mit dem geistigen Entspannungsort haben Sie eine wunderbare Möglichkeit, Ihren Horizont zu erweitern. Sie können Ihr Bewusstsein stärken und neue Dimensionen kennen lernen, um so geistig gestärkt dem Alltag entschlossen gegenüberzutreten.

Entspannen durch Rückwärtszählen

Wenn Sie noch Anfänger auf dem Gebiet der Entspannungstechniken sind, sollten Sie zuerst die lange Einführung mit der *Progressiven Muskelentspannung* nutzen *(Seite 42)* und anschließend zur Vertiefungsphase, dem *Rückwärtszählen*, weitergehen. Der Text für die Technik des Rückwärtszählens könnte wie folgt aussehen:

Ich liege ruhig und bequem und fühle mich wohl.
Ich atme langsam und gleichmäßig und beobachte meinen Atem.
Mit jedem Atemzug sinke ich tiefer und tiefer in eine wunderbare Ruhe und Entspannung.
Ich verändere nichts und beobachte meinen Atem.
Mit jedem Einatmen nehme ich Ruhe auf, und mit jedem Ausatmen lasse ich Unruhe ausströmen.
Mein ganzer Körper ist entspannt und gelöst.
Ich schließe meine Augen und lasse alle Gedanken an mir vorbeiziehen. Ich genieße diese Ruhe und entspanne mich mit jedem Atemzug immer mehr und mehr. Ich lasse alles Äußere los und konzentriere mich auf mein Inneres. Nun zähle ich langsam rückwärts von zehn bis eins und sinke mit jedem Atemzug und jeder Zahl tiefer und tiefer.
Zehn
Ich lasse alles los und entspanne mich. Alle Muskeln sind locker, und ich genieße dieses Loslassen. Meine Augen sind geschlossen, ich ruhe in mir. Alle Gedanken, die kommen, sehe ich an und lasse sie einfach vorbeiziehen. Ich schenke ihnen keine Beachtung.
Neun
Ich sinke tiefer und werde ruhiger. Ein beruhigendes Gefühl durchströmt meinen ganzen Körper. Ich bin entspannt, ich lasse los. Mein Atem strömt gleichmäßig ein und aus …
Acht
Ich lasse noch mehr los und sinke noch tiefer. Alle störenden Gedanken verschwinden, lösen sich in Nichts auf.
Sieben
Ich spüre die tiefe Ruhe, die meinen ganzen Körper durchflutet. Ich sinke tiefer und tiefer, tiefer und tiefer in eine wunderbare Entspannung. Ruhe und Harmonie durchströmen meinen Körper.
Sechs
Ich sinke noch tiefer …
Fünf
Ich bin nun ganz entspannt und frei. Mit jeder Zahl sinke ich noch tiefer. Wenn ich bei eins angelangt bin, bin ich an meinem geistigen Entspannungsort, und ich kann Wünsche und Anweisungen geben, die mein Unterbewusstsein getreu ausführt.

Vier
Ich sinke tiefer und tiefer … mit jeder Zahl, und fühle mich immer leichter und leichter.
Drei
Ich bin jetzt vollkommen entspannt und gelöst, mein Geist ist klar. Sobald ich die Zahl eins erreicht habe, öffnet sich das Tor zu meinem Unterbewusstsein, und ich kann ihm meine Gedanken, Wünsche und Vorstellungen mitteilen, die es dann ausführt.
Zwei
Gleich bin ich bei eins angelangt, und bei eins befinde ich mich an meinem geistigen Entspannungsort. Alles, was ich anschließend denke und visualisiere, prägt sich ganz tief in mein Unterbewusstsein ein. Jedes Wort prägt sich tief ein, und mein Unterbewusstsein verwirklicht es.
Eins
… Ich befinde mich nun an meinem geistigen Entspannungsort, ganz entspannt und gelöst. Das Tor zu meinem Unterbewusstsein ist ganz weit geöffnet. Jeder Wunsch, jede Vorstellung, die ich nun eingebe, verwirklicht sich …

Die Suggestion in Wort und Bild

Ich arbeite gern mit dieser Technik, wenn ich nicht ungestört sein kann. Im Zug oder während einer Aktivität, die nicht unbedingt meine volle Aufmerksamkeit erfordert, beim Zahnarzt oder wenn ich einfach ein paar Minuten abschalten will. Wenn Sie geübt sind, können Sie sich in wenigen Minuten in den Alpha-Zustand versetzen. Diese Technik schränkt den geistigen Horizont ein, weil die Anweisung gezielt programmiert wird: Sobald ich bei eins angelangt bin, befinde ich mich in Alpha. Der Horizont wird eingeschränkt. Es ist dennoch gut, beide Techniken, die Farbentspannung und das Rückwärtszählen, zu beherrschen, weil sich beide Techniken ergänzen können. Die Anwendungsmöglichkeiten sind vielfältig.

Auch aus Steinen,
die in den Weg gelegt werden,
kann man Schönes bauen.
Johann Wolfgang von Goethe

Nun haben Sie erfahren, wie Sie sich in die Alpha-Phase versetzen können. So angenehm dieser Zustand für Sie auch sein mag, Sie müssen auch lernen, wieder „auszusteigen".
Übrigens, wenn Sie in Alpha sind, ist dies kein Zustand, in dem Sie keine Kontrolle über sich haben, im Gegenteil. Sie sind in einer entspannten Wachheit; Sie werden Ihren Körper nicht spüren, Ihr Geist hingegen wird ganz klar sein. Es wird Ihnen wahrscheinlich auch schwer fallen, aktiv zu denken. Entspannt sein und loslassen, dazu präzise zu denken, das schließt sich aus. Daher ist es sinnvoll, wenn Sie sich von einem besprochenen Band führen lassen oder, wenn Sie den erwünschten Endzustand kennen, einfach mit den Bildern arbeiten. Suggestionen sind im Grunde ohnehin nur Beschäftigung für die logische Gehirnhemisphäre.

„Aussteigen" aus der Entspannung

Ich genieße noch einmal dieses wunderbare Gefühl der Erfüllung und danke meinem Unterbewusstsein für seine Hilfe. Ich bin dankbar und glücklich, mein Ziel erreicht zu haben. Ich fühle mich an Geist, Seele und Körper wohl, in Dankbarkeit, dass meine Vorstellungen und Wünsche vom Kosmos erfüllt werden. Ich atme tief ein und aus. Ich spüre, wie die Kraft in meine Glieder zurückkehrt. Noch einmal atme ich tief ein und aus und nehme nun mit jedem Atemzug Kraft und Energie auf. Ich bin durchflutet von frischer Kraft und Energie und erholt an Geist, Seele und Körper. Gleich zähle ich bis fünf, bei fünf öffne ich die Augen und fühle mich wunderbar frisch und erholt. Eins … ich atme tief ein und aus. Kraft steigt in meinen Geist und meinen Körper. Zwei … ich strecke und recke mich. Drei … bei fünf bin ich hellwach, frisch und erholt und fühle mich viel besser als vorher. Vier, fünf.... ich öffne meine Augen und bin wieder ganz im Hier und Jetzt, erholt an Geist, Seele und Körper. Ich fühle mich wohl …

Jetzt, nach dem Programmieren, ist es wichtig, „ganz normal" weiterzuleben, im Bewusstsein, dass Sie eine Botschaft in den Kosmos entsandt haben und dieser Ihnen antworten wird. Glauben Sie fest an Ihr Ziel, lassen Sie keinerlei Zweifel aufkommen. Das ist leicht möglich, wenn Sie sich realistische Ziele vornehmen. Denken Sie daran: Ihr Ziel muss für Sie geistig fassbar sein, es darf Ihre Vorstellungskraft nicht überschreiten. Ich kann nicht oft genug darauf hinweisen, weil ich aus eigener Erfahrung und aus meinen Trainings weiß, dass Ziele leicht so hoch gesteckt werden, dass sie unrealistisch und damit nicht erreichbar sind. Wir sprechen hier nicht von Techniken, die funktionieren können oder nicht, sondern von universellen Gesetzen, aus denen unser Leben besteht. Diese Gesetze funktionieren immer und sind stets gültig. Lediglich wir, die Anwender, versagen – wegen Ungeduld und zu hoher Erwartungen.

Wer sich zu wichtig ist für kleine Arbeiten, ist meist zu klein für wichtige Arbeiten.
Jacques Tati

Suggestivkraft-Test

Haben Sie schon einmal jemanden getroffen, der Ihnen „die Zukunft auspendeln" wollte? Vorsicht, Misstrauen ist hier angesagt! Das Pendel an sich kann keine Zukunft vorhersehen. Das Pendel ist ein Werkzeug des Unterbewusstseins. Das Unterbewusstsein kennt Ihre Zukunft nicht, diese kennt nur Ihr Überbewusstsein. Ihr Überbewusstsein ist zwar direkt mit Ihrem Unterbewusstsein verbunden, aber beim Pendeln präsentieren sich stets unsere Wunschvorstellungen, es sei denn, Sie können vollkommen loslassen. Das Pendel ist ein wunderbares Hilfsmittel, um die Suggestivkraft zu testen und zu trainieren.

Knüpfen Sie an einem 20 bis 25 cm langen Wollfaden einen Ring oder Kugelschreiber. Wickeln Sie das andere Ende des Fadens ein paarmal um Ihren Zeigefinger. Stützen Sie nun den Ellenbogen auf eine Tischplatte auf und bemühen Sie sich, das Pendel ganz ruhig zu halten. Jetzt geben Sie sich die Suggestion: „Das Pendel schwingt vor und zurück". Lassen Sie Ihre Hand bewegungslos, aber stellen Sie sich im Geiste vor, wie das Pendel schwingt. Sehen Sie auf Ihrem geistigen Bildschirm, wie es vor- und zurückschwingt. Halten Sie den Arm ganz ruhig auf der Platte und sehen Sie das Pendel noch weiter schwingen.

Glück hilft nur manchmal – Arbeit immer.
Fernöstliche Weisheit

Wenn Sie das geschafft haben, dann lassen Sie das Pendel wieder ruhig stehen und denken: „Das Pendel schwingt nach links und rechts." Sehen Sie es auch auf Ihrem geistigen Bildschirm schwingen. Erleben Sie, wie es Ihrer Vorstellung folgt.

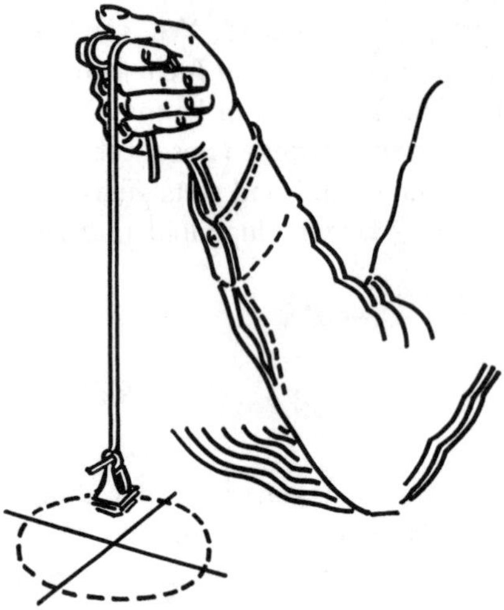

Nun halten Sie das Pendel nicht an, sondern stellen sich vor, wie es links herum schwingt. Und dann lassen Sie es kreisen, zuerst links herum, vergrößern Sie den Kreis so weit wie möglich. Anschließend beobachten Sie Ihr Pendel, wie es kreist, und stellen sich vor, es schwingt rechts herum. Sie werden erleben, wie Ihr Pendel anfängt zu rotieren, und nach wenigen Kreisen ändert es seine Richtung. Lenken Sie das Pendel, indem Sie sich die Bewegungen vorstellen und sich die Suggestion innerlich vorsagen. Halten Sie Ihren Arm dabei ganz ruhig.

> **Der Gedanke legt den Grund für die Tat.**
> Helmuth v. Moltke

Einen weiteren Test können Sie machen, indem Sie Ihre Empfänglichkeit, Ihre Suggestibilität testen. Dabei stellen Sie sich eine Pendeltafel wie in der Abbildung rechts vor und konzentrieren sich auf das Pendel. Jetzt stellen Sie dem Unterbewusstsein eine Frage: „Liebes Unterbewusstsein, bitte zeige mir, welche Bewegung ‚ja' bedeutet. Was bedeutet ‚ja'?"

Wichtig ist, dass Sie sich dabei kein Bild vorstellen. Stellen Sie nur diese Frage und warten Sie auf die Antwort Ihres Unterbewusstseins. Vielleicht sehen Sie dann sofort eine feine Bewegung des Pendels. Schreiben Sie diese auf und fragen Sie gleich: „Welche Bewegung bedeutet ‚nein'? Bitte zeige mir die Bewegung, mit der du ‚nein' anzeigst." Anschließend können Sie noch fragen, welche Bewegung „Ich weiß es nicht" und „Ich sage es nicht" bedeutet. Notieren Sie alle Bewegungen am äußeren Ende der Pendeltafel. Zum Schluss können Sie noch eine Kontrolle machen und alles abfragen: „Bedeutet diese Bewegung ‚ja'/‚nein'? Bedeutet diese Bewegung ‚weiß ich nicht'/‚sage ich nicht'?" Wenn Sie sich vergewissert haben, können Sie ab jetzt für Alltagsfragen das Pendel zu Rate ziehen. Aber betrachten Sie es als ein Trainingsobjekt, und fragen Sie nicht nach der Zukunft.

Man kann sich das Leben auch durch zu großen Ernst verscherzen.
Peter Sirius

Warum warne ich Sie davor? Weil bei den Antworten auf Fragen über die Zukunft immer unsere Wunschvorstellung einfließt und wir somit die Frage über das Pendel nicht objektiv beantworten können. Dies wäre möglich, wenn Sie sich wirklich ganz frei von Wunschvorstellungen machen könnten. Sie können das Pendel für kleinere Aufgaben gut nutzen, verlorene Gegenstände suchen oder andere Kleinigkeiten erfragen, die Ihr Unterbewusstsein wissen kann. Mehr dürfen Sie vom Pendel nicht erwarten. In jedem Fall können Sie aber Ihre Vorstellungskraft und Empfänglichkeit für die feinen Schwingungen Ihres Unterbewusstseins trainieren. Dazu ist es hervorragend geeignet.

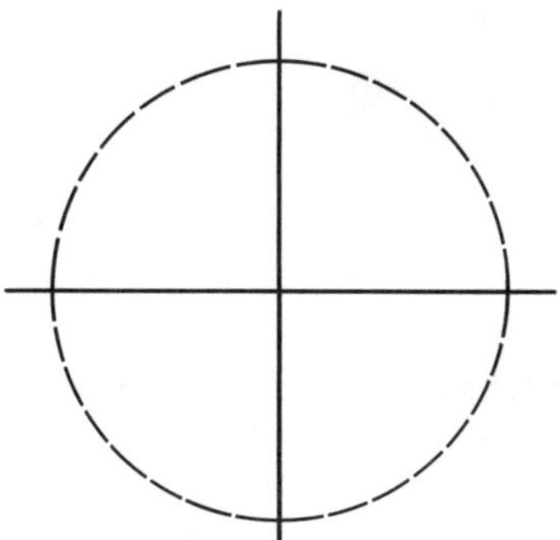

Schon beim Pendeltest werden Sie erkennen, dass Ihre Vorstellung stärker ist als Ihr Wille. Wenn Sie nicht wollen, dass das Pendel schwingt, es aber geistig schwingen sehen, wird es schwingen, egal, wie stark Sie denken „Ich will, dass es ruhig bleibt". Der Glaube, die Vorstellungskraft siegt über den Willen.
Sie können das Pendel befragen, ob Ihre Suggestion, die Sie ausgearbeitet haben, richtig ist. Sie können es fragen, ob zu Ihrem Ziel innere, unterschwellige Zweifel bestehen. Solche einfachen Kontrollen sind mit dem Pendel gut auszuüben.

Was die Kraft der Vorstellung bewirkt, beweist folgendes Beispiel:
Stellen Sie sich einen Balken vor – 30 cm breit und 30 cm hoch, 20 Meter lang. Stellen Sie sich nun vor, Sie steigen auf diesen Balken, der auf dem Boden aufliegt, und laufen ihn entlang. Das werden Sie ohne jede Anstrengung schaffen, es scheint lächerlich. Wo, werden Sie fragen, liegt hier die Schwierigkeit?
Nun stellen Sie sich diesen Balken zwischen zwei Tischen vor, vielleicht in einem Meter Höhe. Auch hier wird es für Sie keine Probleme geben. Vielleicht schaffen Sie dies auch noch mit geschlossenen Augen. Aber: Jetzt stellen Sie sich diesen Balken doch mal als Verbindung vom Dach eines fünfstöckigen Hauses zum anderen vor. Versuchen Sie noch einmal, nur geistig, darüber zu laufen. Was passiert? Beobachten Sie eine Sperre, ein komisches Gefühl? Ja, Sie werden es schwierig finden, denn Sie stellen sich den Abgrund vor, der unter Ihnen liegt, und Sie bekommen Angst, herunterzufallen. Es ist derselbe Balken, er ist gleich breit und gleich hoch, er ist so stabil, dass er locker ein Auto tragen kann, aber die Situation ist anders. Allein die Vorstellung, dass Sie über einen Abgrund laufen sollen und stolpern und hinunterfallen könnten, wird Sie davon abhalten, mit der gleichen Sicherheit über den Balken zu schreiten wie vorhin – in Gedanken – auf dem Boden. Auch wenn Sie sich noch so sehr anstrengen, wird es Ihnen nicht gelingen, in Gedanken über den Balken zu laufen, solange Sie Angst davor haben, zu fallen. Der Glaube („Ich könnte fallen!") siegt immer über den Willen, die Ratio („Der Balken ist gleich stark wie am Boden!").

**Lernen und nicht denken ist nichtig.
Denken und nicht lernen ist gefährlich.**
Konfuzius

Für einen anderen Versuch zur Demonstration dessen, was Vorstellungskraft bewirkt, brauchen Sie die Hilfe eines Partners. Bitten Sie diesen, einige Sekunden lang zusammen mit Ihnen die Augen zu schließen und innerlich ruhig zu werden. Nach zwei, drei Minuten stellen Sie sich zwei bis drei Meter hinter ihn. Nun sehen Sie den Partner von hinten an und konzentrieren sich auf ihn. Nach weiteren ein bis zwei Minuten denken Sie „Gehe!" und stellen sich gleichzeitig vor, wie er langsam geht. Sie sagen kein Wort, sondern denken nur „Gehe!" und stellen sich vor, wie er tatsächlich geht. Nach einigen Schritten denken Sie „Stopp!" und sehen ihn stehen bleiben. Versuchen Sie diesen Test auch umgekehrt. Mal sind Sie der Sender, mal der Empfänger.

Ich habe dies in einer Gruppe ausprobiert, und es war verblüffend zu erleben, wie der „Empfänger" plötzlich das Gefühl bekommt, gehen zu müssen oder stehen zu bleiben. Ich selbst habe immer ein Kribbeln in den Kniekehlen bemerkt. Wenn Sie die Übung vor Zuschauern machen, dann machen Sie als Sender eine Bewegung dazu, eine für „Geh!", eine für „Stopp!", die der Partner selbstverständlich nicht sieht, dem Publikum aber zum Verständnis dient, welchen Befehl der Sender gerade denkt.

Hierbei können Sie sowohl die Suggestibilität (Empfänglichkeit) als auch die Suggestivkraft (Sendekraft) trainieren.

Vorstellungskraft gegen Willenskraft

Ballen Sie die Faust und drücken Sie sie fest zu. Dabei denken Sie: „Die Faust ist fest geschlossen. Die Finger kleben in der Hand, und ich kann sie nicht mehr öffnen. Die Faust ist geschlossen, und je mehr ich sie öffnen will, umso fester bleibt sie geschlossen.“ Sehen Sie vor Ihrem geistigen Bild, wie die Faust mit einem dicken Klebeband umwickelt ist, ganz fest zugeschnürt. Drücken Sie dabei die Faust fest zusammen und wiederholen Sie vier- bis fünfmal die Suggestion. „Die Finger kleben in der Hand, ganz fest, sie sind eingewickelt!“

> **Man sollte es nicht für möglich halten, aber auch die Tugenden müssen ihre Grenzen haben.**
> Immanuel Kant

Dann versuchen Sie, die Faust zu öffnen. Geistig sehen Sie sie aber geschlossen. Sie werden merken, je mehr Sie sich anstrengen, umso weniger lässt sie sich öffnen, im Gegenteil, die Faust wird schmerzen, je mehr Sie sie öffnen wollen. Dann sagen Sie sich: „Ich öffne meine Hand leicht und bin ganz entspannt.“ Sie „entwickeln“ geistig das Band um die Faust, lösen die Bindung auf. Dann strecken Sie die Finger leicht und mühelos.

Ein weiterer Test ist der Augenlider-Test. Nachdem Sie einige Male die Entspannung geübt haben, können Sie mit der Technik des Rückwärtszählens wie folgt verfahren: Sie schließen die Augen und zählen langsam rückwärts, von zehn bis eins, und geben sich zwischen jeder Zahl die Suggestion: „Meine Augenlider kleben fest aneinander.“ Nach jeder Zahl wiederholen Sie die Suggestion. Bei eins können Sie versuchen, die Augenlider zu öffnen – es wird Ihnen nicht gelingen. Die Augenlider kleben fest aneinander. Erst wenn Sie sich bewusst den Befehl geben, dass Sie die Augenlider wieder heben können, lösen sich diese und lassen sich öffnen. Für mich war es beim ersten Mal ein erhebendes Gefühl, denn dadurch habe ich die Macht der Vorstellung und Suggestion verspürt.

Realistische Vorstellungen

Wenn Sie eine Krankheit haben, dann ist diese nicht von heute auf morgen gekommen. Viele Faktoren mussten zusammenspielen, damit diese Krankheit entstehen konnte. Vielleicht war es falsche Ernährung, zu wenig Bewegung, falsches Atmen, zu viel Stress, oder Sie haben die Warnungen Ihres Körpers einfach nicht beachtet. Es ist unsinnig, Spontanheilungen zu erwarten, wobei ich auch schon wahre Wunder erlebt habe. Realistisch und natürlich vorgehen, langsam beginnen, den Körper und das geschädigte Organ wieder in Harmonie zu bringen, bringt in jedem Fall Besserung und kann zur gesamten Heilung verhelfen. Wenn Sie danach handeln, was der Arzt empfiehlt, und dazu noch das kreative Visualisieren anwenden, dann wecken Sie den Arzt in sich, und die Heilung wird schneller auf den Weg gebracht. Wenn Ihr Geist „heil" wird, kann auch der Körper „heil" werden.

Das Unterbewusstsein kann zwischen Einbildung und Realität nicht unterscheiden. Das ist Ihre Chance, denn was Sie im Bewusstsein haben, ziehen Sie auch an.

„Dir geschehe nach deinem Glauben", sagte Jesus von Nazareth. Glauben heißt: Gedanklich und geistig davon überzeugt sein, dass die Vorstellung eintrifft. Warum hat die Schöpfung diesen Weg gewählt? Ich denke, damit jeder von uns sich bemüht und an sich arbeitet.

Wer nachlässt, der wird von seinen alten Programmen eingeholt. Wer in der Vergangenheit stehen geblieben ist, der zieht das Vergangene an. Wer dauernd jammert, der hat allen Grund dazu, denn er zieht das Pech an. Wer Angst vor der Zukunft, vor Veränderungen hat, der wird seine Angst bestätigt bekommen. Wer aber Frieden mit der Vergangenheit schließt, wer aktiv im Augenblick lebt und positiv in die Zukunft blickt, der wird ein neues Leben anziehen, er wird ständig wachsen, reifen und die Früchte seiner „Arbeit" ernten.

> **In jedem Beruf ist der erste Schritt zum Erfolg, sich dafür zu interessieren.**
>
> Wilhelm Osler

In jedem Bereich seiner Welt wird das eintreten, wovor der Schwarzseher sich fürchtet. Wer an das Gute, an die Evolution glaubt und wer ständig bemüht ist, sich zu verbessern, geistig und seelisch zu reifen, der wird nach einigen Prüfungen belohnt werden. Erwarten Sie nicht, dass alles sofort geschieht, das Schicksal prüft genau, wer es ehrlich meint und wer nicht. Geben Sie das Beste, nicht nur einmal, sondern immer.

Versuchen Sie immer und überall alle drei Kräfte – Gedanken-, Gefühls- und Vorstellungskraft – zielgerichtet einzusetzen. Das bedeutet, dass Sie sich nicht blind vom Gefühl leiten lassen oder nur rational nach Tatsachen entscheiden. *„Prüfet alles und das Beste behaltet."* Damit ist gemeint, für alles offen zu sein, aber nur das anzunehmen, was zu unserem Inneren passt.
Entspannung oder Visualisierung ist übrigens nicht mit Meditation zu verwechseln. Meditation bedeutet, loszulassen und nichts zu tun, nichts zu denken und nichts zu verursachen.
Meister Eckhard sagte: *„Im Gebet spreche ich zu Gott, in der Meditation spricht Gott zu mir."*

Meditation ist vollkommene Leere. Vielleicht haben Sie auch schon von Kontemplation gehört. Dies ist ein Ausdruck, der ebenso im Zusammenhang mit Entspannung verwendet wird, aber: Eine Sache zu kontemplieren bedeutet, geistig mit der Sache eins zu werden. Wenn Sie Ihre seelischen Kräfte mit der Entspannung aktivieren und bewusst verursachen, können Sie zu einem späteren Zeitpunkt leichter in die nächste Stufe der Meditation oder der Kontemplation einsteigen.

**Im bloßen Wünschen bleiben Narren untätig.
Wo aber ein Wille ist,
findet die Weisheit ihren Weg.**
George Crabbe

Freude am Dasein

Es sind immer wieder Kleinigkeiten, die uns Schwierigkeiten bereiten oder die uns erfreuen. Der kleine, tägliche Ärger ist für die Gesundheit schädlicher als die großen Schicksalsschläge. Die Kleinigkeiten sind es aber auch, die unser Leben bereichern können. Auf diese können wir achten und mehr positive Kleinigkeiten „in unser Leben senden". Ein nettes Wort, eine nette Geste, ein kleines Geschenk, ein hilfreicher Hinweis, es gibt tausend Kleinigkeiten, die Sie freudig empfinden können.

> Man sollte dort bleiben, wo man sich glücklich fühlt, Glück ist ein transportempfindliches Möbelstück.
> William Somerset Maugham

Versuchen Sie, einen Tag lang nur die Dinge zu beachten, die Ihnen Freude machen, oder bereiten Sie einen Tag lang anderen bewusst nur Freude. Freuen Sie sich, wenn die Sonne scheint, freuen Sie sich, wenn Sie die Arbeitskollegen sehen. Eine Seminarteilnehmerin sagte mir: „Ich habe die nettesten Arbeitskollegen der Welt!" Sie bestätigte das ihren Arbeitskollegen immer wieder, und es zeigt immer mehr Wirkung. So helfen sie sich gegenseitig; wenn einer freinehmen muss, springen die Kollegen ein. Auch sonst stimmt das Klima, mittlerweile ist das ganze Team überzeugt: „Wir haben die nettesten Arbeitskollegen der Welt!".
Freuen Sie sich, dass Sie gesund sind, dass Sie nette Bekannte haben oder einfach, dass Sie leben. Fragen Sie sich, was Sie jetzt sein oder haben möchten! Versuchen Sie zu spüren, wie Sie sich jetzt fühlen würden, wenn Sie schon am Ziel wären. Lassen Sie diese Gefühle zu, und Sie werden erleben, wie sich Ihr Dasein verändert. Sehen Sie auf all die Dinge, die Sie haben. Erfreuen Sie sich daran und vergessen Sie alles, was Sie glauben zum Glücklichsein unbedingt zu benötigen. Lernen Sie den Blick auf das zu richten, was Sie schon haben, und seien Sie dankbar.

Machen Sie sich von Äußerlichkeiten mehr und mehr unabhängig. Geben Sie Dingen keine Macht über Sie. Wenn Sie sich umsehen, werden Sie feststellen, wie viele Menschen Sklaven ihres Besitzes sind. Der Besitz besitzt sie und nicht sie den Besitz. Andere wiederum denken, nichts zu besitzen und deswegen nichts wert zu sein. Die Größe eines Menschen hat nichts mit seinem Besitz zu tun. Besitz ist vergänglich und sollte nur Mittel zum Zweck sein.
Lassen Sie diese Erkenntnis in sich einfließen und machen Sie sich Ihre eigenen Gedanken darüber. Es tut gut, von Zeit zu Zeit aufzuschauen, unsere Einstellungen und Verhaltensmuster zu überdenken.

Ihr Selbstbild

Wie denken Sie in Ihrem Innersten über sich? Was halten Sie von sich? Fühlen Sie sich minderwertig? Oder vielleicht benachteiligt? Oder fühlen Sie sich als etwas Besonderes, als eine Art „Übermensch"? Das Bild, das wir von uns in unserem Herzen tragen, bestimmt unser Leben.

> **So wie der Mensch in seinem Herzen denkt, so ist er.**
> Sprüche Salomon

Unser eigenes Bild prägt unser Schicksal und wirkt auf andere. Können Sie in den Spiegel schauen, sich selbst betrachten und sagen: „Ich sehe gut aus, ich gefalle mir?" Wenn Sie das wirklich können, dann sind Sie im Selbstwertgefühl schon weit gestiegen. Wir müssen nicht gleich ins Schwärmen verfallen, wenn wir von uns sprechen oder wenn wir uns ansehen. Aber wir sollten ein gesundes Selbstwertgefühl besitzen. Wir sollten uns wert fühlen, das zu bekommen, was wir haben möchten. Wir sollten uns wert fühlen, die Arbeitsstelle anzunehmen, die wir gerne haben möchten. Wir sollten uns wert fühlen, gut zu verdienen und von anderen Menschen angenommen zu werden.

Für Sie und Ihre Gesundheit ist entscheidend, dass Ihr inneres Bild „gesund" ist. Dr. med. Maltz, Schönheitschirurg und Autor des Buches „Psychokybernetik", hat in seiner Praxis festgestellt, dass Schönheitsoperationen an der Einstellung des Betroffenen nichts verändern. Im Gegenteil, er hat nach vielen Operationen an Patienten erkannt, dass diese sich nachher immer noch nicht hübscher fanden. Er hat daraufhin angefangen, seine Patienten „im Innern zu operieren", indem er ihnen beibrachte, kreativ zu visualisieren.

Ich persönlich kann seine Beobachtungen gut nachvollziehen, denn ich hatte im Alter von zwei Jahren einen Unfall, bei dem die ganze linke Brust verbrannt wurde. Mit zwölf Jahren wurde mir die Entstellung erst richtig bewusst, und ich bekam daraufhin viele Komplexe. Ich dachte, anderen gegenüber benachteiligt zu sein, ich sah in allen wertvollere Menschen, die schöner waren als ich. Als das Alter kam, in dem ich mich für Mädchen interessierte, dachte ich, keine würde mich mögen. Ich hatte Angst davor, zum Baden zu gehen, weil ich dachte, alle Blicke träfen nur mich. Jahrelang suchte ich nach Operationsmöglichkeiten und hätte alles darum gegeben, wäre es möglich gewesen. Erst als ich anfing, mich mit den geistigen und kosmischen Gesetzen zu beschäftigen, wurde mein Blick klarer. Ich begann, andere Menschen zu beobachten, die nicht „entstellt" waren. Nach kurzer Zeit merkte ich, dass sie keineswegs glücklicher waren als ich. Jeder hatte seine Probleme und Sorgen. Dann kam plötzlich die Erkenntnis, dass ich keine Hautoperation brauchte, sondern eine Korrektur meines Selbstbildes, den Zustand der Haut konnte ich sowieso nicht ändern. Ich nahm mich dann so an, wie ich war, und alle Komplexe waren wie weggeblasen. Es dauerte allerdings bis zu meinem 28. Lebensjahr, bis ich erkannte, dass ich trotzdem so viel wert bin wie jeder andere Mensch auf dieser Welt.

Sich so viele Jahre mit seelischen Qualen zu belasten war sicherlich töricht. Ich hatte wegen der Narben keine Schmerzen und keinerlei Behinderung, es war nur ein „Schönheitsfehler". Ich sagte mir schließlich, es war kein Zufall, dass es mich getroffen hat, und ich werde zu gegebener Zeit den Grund schon erfahren.

Wir alle müssen unser Selbstbild überprüfen, denn ich kenne keinen Menschen, der mit sich selbst restlos zufrieden ist. Dinge zu akzeptieren, die nicht zu ändern sind, ist eine große Weisheit. Selbstzufriedenheit kann allerdings leicht in Apathie umschlagen, was hier nicht gemeint ist. Wir sollten uns daher zum Ziel setzen, uns ständig zu verbessern, täglich ein kleines bisschen.

> **Wer nicht mehr liebt und nicht mehr irrt, der lasse sich begraben.**
> Johann Wolfgang von Goethe

Ändern Sie Ihr Selbstbild in ein positives, aufbauendes Bild. Sie sind es wert. Es ist für Sie und Ihr Leben entscheidend, denn Ihre „Schwingungen" vermitteln anderen Menschen das, was Sie von sich denken.

Ihr Selbstbild können Sie mit Ihren Gedanken und Vorstellungen ändern. Das mentale Training ist hierbei ein wunderbares Hilfsmittel. Erkennen Sie, dass Sie in Ihrem Inneren gut und edel sind. Gott hat Sie als vollkommenes Wesen erschaffen, er schafft nichts Minderwertiges.

Nehmen Sie sich so an, wie Sie sind, mit allen Stärken und Schwächen, wir haben ja sowieso keine andere Wahl.

Sagen Sie sich nicht: „Ich bin gut, wenn ich das oder jenes erreicht habe. Ich bin etwas wert, wenn ich mindestens das oder jenes besitze." All das sind nur Ausreden, wenn wir unfähig sind, unsere Einstellung zu ändern.

Dr. Joseph Murphy sagte in einem Vortrag: „Es gibt Dinge, die wir nicht ändern können." Die Natur oder unser Schicksal hat uns bestimmte Lektionen auferlegt, die wir in unserem Leben verarbeiten müssen. Da hilft keine Flucht und kein Resignieren.
Es gibt immer zwei Möglichkeiten:
1. Wir können die Dinge ändern, oder
2. müssen unsere Einstellung zu den Dingen ändern.

Das klingt hart, wenn es sonst doch heißt „Alles, was wir uns vorstellen können, können wir auch verwirklichen." Die Aufgabe ist, stets zu erkennen, was wir an unserer Einstellung ändern müssen, oder was die Lektion dahinter bedeutet.
Wenn sich jemand körperlich als zu klein empfindet und sich sehnlichst wünscht, größer zu sein, so kann er durch Gedankenkraft durchaus erreichen, einige Zentimeter zu wachsen, aber das ist eigentlich nicht der Sinn und Zweck. Sicher ist, das diese Person lernen muss, sich wegen der fehlenden Zentimeter nicht minderwertig oder schlecht zu fühlen. Sinn und Zweck ist es auch, den inneren Wert zu erfahren und zu entdecken, nicht die Äußerlichkeiten zu verändern. Wenn wir davon ausgehen, dass alles seinen Sinn hat, dann gehören bestimmte Ereignisse zu unserem Leben, wie die Luft zum Atmen.

**Lieber Gott, ich bitte um die Kraft, die Dinge zu ändern,
die ich ändern kann, um die Gelassenheit,
die Dinge zu ertragen, die ich nicht ändern kann,
und um die Weisheit, das eine vom anderen
zu unterscheiden. Wir müssen das Leben lieben,
schon der Arbeit wegen, die man darin entfalten kann.**
Gebet aus dem 14. Jahrhundert (Franz von Assisi)

Napoleon Hill, der amerikanische Bestsellerautor, schreibt:
„Jede Widrigkeit des Schicksals birgt den Keim eines gleich großen, wenn nicht größeren Vorteils in sich."

Wir müssen nur danach suchen. Das positive Denken leuchtet Ihnen hierbei den Weg. Tatsächlich gibt es viele Dinge, die Sie nicht ändern können. Hautfarbe, Geschlecht, das Altern, den Fortschritt, die Gezeiten, das Wetter und vieles andere mehr. Wir können auch sagen: Gottseidank lassen sich nicht alle Dinge ändern, denn sonst würde es auf der Welt noch chaotischer zugehen.

Viele Kleinigkeiten, viele Dinge, die unser Leben bereichern oder die Lebensqualität schmälern, haben wir durchaus in der Hand, sogar die meisten. Daher ist es das Ziel des mentalen Trainings, nicht alles im Außen ändern zu wollen, sondern die innere Basis zu ändern, die Einstellung. Auf was stelle ich mich ein – auf das Gute, das Aufbauende, das Schöne und Hilfreiche, oder ist mein Blick immer nur auf das Negative gerichtet? Die Einstellung hat jeder Einzelne von uns im Griff, denn niemand kann für Sie denken. Es liegt nur an der eigenen Einschränkung oder der Offenheit meiner Wahrnehmung.

Wer lächelt, statt zu toben, ist immer der Stärkere.
Japanisches Sprichwort

Die Wandlung

Mit Ihren unterschwelligen Kräften haben Sie es in der Hand, ein Leben voller Harmonie und Glück zu führen. Durch gezielten Einsatz von mentalem Training können Sie Ihre Einstellung oder die Situationen ändern. Sie bestimmen, wie schnell die Wandlung vor sich geht. Alles, was Sie verursachen, wird im Kosmos gespeichert. Ob es sofort oder später zur Verwirklichung führt, entscheidet die Intensität, mit der Sie dies tun. Viel Energie auf ein Ziel zu lenken bedeutet, das Ziel auch schnell zu erreichen. Zu viele Dinge auf einmal erreichen zu wollen bedeutet, die Energie zu zerstreuen, und das heißt auch, dass das Ziel weniger schnell, wenn überhaupt, erreicht wird.
Wie ein ungeschriebenes Gesetz hat sich ein bestimmter Zeitrhythmus eingestellt. Wenn Sie Ihrem Unterbewusstsein ein Programm vorgeben, beträgt die Zeit, bis es sich gefestigt hat, 21 Tage. Das heißt, Sie entspannen täglich mindestens einmal und programmieren mental Ihr Ziel bewusst mindestens fünf Minuten. Die Intensität, die Klarheit des Bildes oder die Stärke des Gefühls ist dabei entscheidend. Dabei ist es wichtig, nach der Übung mit einer inneren Sicherheit zum Tagesgeschehen überzugehen, so als hätten Sie Ihr Ziel schon erreicht. Nicht tagsüber nachgrübeln: „Vielleicht klappt es doch nicht!" oder „Hoffentlich habe ich genug Energie darauf verwendet!" usw. Gedankendisziplin ist enorm wichtig. Wenn Sie ein Ziel bewusst verursacht haben, lassen Sie es los.

Denken Sie nicht laufend daran, ob es klappt oder nicht, sonst kann es sich nicht verwirklichen. Sie müssen es schon loslassen, damit es geschehen kann.

> **Wer nicht genügend vertraut, wird kein Vertrauen finden.**
> Laotse

Diese 21 Tage bedeuten, dass sich das Programm im Unterbewusstsein gefestigt hat und nach Verwirklichung drängt. Nicht immer haben Sie dann schon das Ziel erreicht, es kommt ganz auf die Größe des Zieles an. Vieles können Sie sehr schnell erreichen, manches dauert länger. Rasche Ergebnisse erreichen Sie bei Gedanken- und Gewohnheitsänderungen oder bei kleineren Gesundheitsproblemen. Handelt es sich um grundlegende Dinge wie Erfolg oder Wohlstand, dann müssen Sie dem Schicksal schon die Chance geben, dass es in realistischer Zeit wirken kann.

Denken Sie auch daran, ins Handeln zu kommen. Wenn ein Impuls des Handelns kommt, wenn sich also etwas von innen nach außen drängen will, müssen Sie zur Tat schreiten. *„Gott hat keine anderen Hände als die deinen“*, steht in der Bibel. Der Körper ist Ihr Werkzeug, um das in der materiellen Welt zu verwirklichen, was Sie in der geistigen Welt geschaffen haben. Sie sollen auch mit offenen Ohren und wachen Augen durchs Leben gehen, um die Chance wahrzunehmen, die Ihnen das Schicksal bietet.

Üben Sie ein Programm längere Zeit, dann legen Sie nach drei Wochen eine Pause von einer Woche ein. Das ist wichtig, um vom eigenen Druck wegzukommen.

Wenn Sie mit Ihren mentalen Kräften Ihr erstes Problem gelöst oder Ihr Ziel erreicht haben, werden Sie Vertrauen in sich selbst und die Techniken finden. Sollten Sie keine genauen Ziele haben oder nicht wissen, was genau Sie wollen, dann empfehle ich Ihnen das nachfolgende Selbstverwirklichungsprogramm.

Es hilft Ihnen, verschiedene Verhaltensweisen zu verändern oder neu zu erlernen, positive Einstellungen zu gewinnen und Charakterveränderungen zu verursachen. Wenn Sie damit arbeiten, ist ein positives Schicksal unvermeidlich, denn Sie erleben als Ergebnis die Summe Ihrer Gedanken und Gefühle, ob Sie es wollen oder nicht. Das, was Sie im Bewusstsein halten, ziehen Sie an. Änderung des Verhaltens zieht folglich Änderung der Ergebnisse nach sich.

Der Ablauf des mentalen Trainings auf einen Blick:

1. Sie klären, welche Ziele oder Probleme Sie haben.
2. Sie nehmen sich das wichtigste Ziel vor.
3. Sie formulieren den erwünschten Endzustand mit positiven, aufbauenden Suggestionen.
4. Sie schaffen sich ein Bild dazu.
5. Sie stellen sich das Gefühl vor, das Sie haben, wenn Sie schon am Ziel sind.
6. Sie bereiten eine Kassette vor, auf die Sie die Farbentspannung oder das Rückwärtszählen aufnehmen.
7. Sie machen sich einen Zeitplan mit fixen „Arbeitszeiten".
8. Sie lesen täglich mindestens einmal Ihren Text (Beispiel Selbstverwirklichungsprogramm).
9. Sie notieren sich Ihre Kurzformel an zugänglichen Stellen.
10. Sie programmieren nach dem 21-Tage-Rhythmus, bis Sie Ihr Ziel erreicht haben.

Sie können nun mit dem „edelsten" Ziel beginnen, der Selbstverwirklichung. Sie können Ihr inneres Wesen „in Ordnung bringen", damit Sie Schicksalsschläge überflüssig machen. Je mehr es Ihnen gelingt, in Ihr Inneres Harmonie zu bringen, umso schneller werden Sie Ihre Ziele erreichen. Das schönste Ziel ist, Harmonie und Liebe in sich zu finden und ein leuchtendes Beispiel für andere Menschen zu sein. Wenn Sie so weit sind, werden Sie eine wunderbare Entdeckung machen: Je mehr Liebe und Fürsorge Sie anderen widmen, je mehr Sie sich um andere Menschen kümmern, umso mehr werden Sie ernten. Die geistigen Gesetze werden Sie belohnen.

> **Das Vertrauen ist die Schwester der Verantwortung.**
> Indochina

Wer seinen Lebenslauf harmonisch gestalten und an sich arbeiten möchte, kann die folgenden Selbstverwirklichungsprogramme durchführen. Die Reihenfolge können Sie individuell wählen. Die Programme sind so angelegt, dass sie sich ergänzen. Es ist hilfreich, wenn Sie sich Rechenschaft ablegen und auf der Checkliste Ihre Fortschritte festhalten.

Das Selbstverwirklichungsprogramm

Setzen Sie beim Verwirklichen Ihrer Ziele immer möglichst alle Kräfte – Gedankenkraft, Vorstellungskraft und Gefühlskraft – ein. Das ist der sicherste und schnellste Weg zum Erfolg. Bereiten Sie sich eine Kassette vor, damit Sie ganz entspannt arbeiten können. Wenn Sie keine Kassette besprechen möchten, können Sie die Entspannung auch auswendig lernen oder Sie nehmen die Übung vom gleichnamigen Audiobook zu diesem Buch.

> **Der größte Reichtum ist Selbstgenügsamkeit. Die größte Frucht der Selbstgenügsamkeit ist die Unabhängigkeit.**
> Epikur von Samos

Sie finden bei allen 12 Programmen

1. einen Motivationstext, meist ein langer Text (Block 1),
2. eine Kurzformel (Block 2),
3. die Suggestionen (Block 3) und
4. eine bildhafte Beschreibung für die Vorstellungkraft (Block 4).

Nehmen Sie diese als Anregung. Sie können die Texte beliebig verändern, bis Sie mit jedem Wort einverstanden sind.

Der Motivationstext (Block 1) ist dazu gedacht, ihn morgens und abends laut zu lesen. Sollte dies nicht realisierbar sein, dann lesen Sie ihn leise, in Gedanken, aber bewegen Sie ruhig die Lippen dazu.

In Block 2 finden Sie jeweils eine Kurzformel, die Ihnen sehr nützlich sein kann. Wenn Sie morgens oder abends Ihr Entspannungsprogramm durchführen, so können Sie tagsüber mit der Kurzformel etwas für Ihr Ziel tun. Jedes Mal, wenn Sie daran denken oder ein negatives Gefühl aufkommen sollte, können Sie im Geiste die Kurzformel wiederholen und dabei ein positives, sicheres, freudiges Gefühl aufsteigen lassen. Sie arbeiten dann mit Gedankendisziplin.

> **Der Fleißige hat immer Zeit.**
> Alfred Herrhausen

Schreiben Sie sich die Kurzformel auf einen kleinen Zettel, den Sie im Portmonee oder im Tagesplaner mit sich führen, und lesen Sie diese Suggestion mehrmals, bis Sie sie auswendig können. Sie kön-

nen diese auch während der Autofahrt laut vor sich sprechen – mit viel Gefühl und fester Stimme. Sie beeinflussen damit nicht nur Ihr Unterbewusstsein ungeheuer, sondern überzeugen auch Ihren Verstand, Ihre Logik vom Gesagten. Je öfter Sie dies wiederholen, desto vertrauter wird der Text und damit der Inhalt. Wenn Sie im Auto laut sprechen oder öfter an die Formulierung denken, wird es zur Denkgewohnheit, und Ihre Arbeit in der Entspannung wird optimal unterstützt. Überzeugen Sie sich mit Ihren eigenen Worten, dann wirkt die Suggestion noch schneller. Diese Methode ist auch für das Selbstbewusstsein sehr förderlich, weil Sie ohne Zweifel von dem überzeugt sein müssen, was Sie denken, und wenn Sie sich etwas laut vorsagen, wirkt Ihre Stimme als Verstärker.
Seien Sie nicht überrascht, wenn Sie sich das erste Mal lächerlich fühlen, das ist ganz normal. Üben Sie so lange, bis Ihnen das, was Sie tun oder wie Sie es tun, selbstverständlich erscheint. Autosuggestion ist etwas ganz Natürliches. Nutzen Sie diese natürliche Chance zur positiven Selbstmotivation, um weitgehend gegen die Fremdsuggestion durch die Medien immun zu werden.

Block 3 ist die entsprechende Suggestion, die Sie auf Band sprechen oder auswendig lernen können. Zu dieser Suggestion gehört noch Block 4, das entsprechende Bild mit dem Gefühl. Die Intensität des Bildes und des Gefühls sind dabei sehr wichtig.

Man strebt danach,
eine Arbeit zu haben,
um das Recht zu haben,
sich auszuruhen.

Cesare Pavese

Wählen Sie nun die Programme aus, die Sie nach und nach angehen möchten. Es können die vorgeschlagenen Programme sein, oder Sie stellen sich persönliche Programme zusammen. Mein Vorschlag ist, in einem Jahr zwölf Programme durchzuführen. Zwölf mal drei Wochen, und jedes Mal eine Woche Pause dazwischen. Ich empfehle Ihnen, zuerst alle Programme zu lesen und anschließend die Reihenfolge festzulegen.

Ihre Selbstverwirklichungsprogramme

Priorität / Programm	Beginn / Datum	Pause von / bis
1.		
2.		
3.		
4.		
5.		
6.		
7.		
8.		
9.		
10.		
11.		
12.		

Zeitplanung: Ich nutze die Zeit optimal

Motivationstext:
Zeit ist Leben. Ich lebe bewusst im Hier und Jetzt. Ich unternehme alles Erforderliche, um meine Zeit optimal zu nutzen. Jede Arbeit, die ich beginne, führe ich konsequent zu Ende. Ich bin Herr meiner Zeit und lasse mich durch nichts stören. Kein Umstand von außen kann mich umstimmen. Ich bin offen für Erneuerungen, hafte nicht am Alten, Überholten. Ich arbeite von Minute zu Minute konsequenter und zielgerichteter.
Jeden Augenblick nutze ich zum Vorteil. Ich arbeite und entspanne bewusst. Ich bin leistungsfähiger, wenn ich entspannt bin. Alles, was ich tue, tue ich mit größter Aufmerksamkeit. Ich bin frei von Stress, und ich ruhe in mir. Ich entscheide mich ab jetzt für ein positives, erfolgreiches Leben. Ich beherrsche meine Zeit. Heute arbeite ich optimal, heute gebe ich in jeder Minute mein Bestes.
Keinem Umstand gebe ich die Macht, über meine Zeit zu bestimmen. Ich führe einen Zeitplan, der mir genügend Spielraum für Kreativität und Erholung lässt. Zeit ist nicht nur Geld, sondern Leben. Ich nutze jede Minute und gebe immer mein Bestes. Ich bin Herr über meine Zeit.

Kurzformel:
Ich beherrsche meine Zeit und bin von Tag zu Tag produktiver.

Suggestion:
Ich bin Herr meiner Zeit. Durch Achtsamkeit und Konsequenz spare ich täglich mehr Zeit, die ich zur freien Verfügung habe. Ich plane meine Zeit und gewinne dadurch immer mehr Freizeit. Täglich erreiche ich mehr in kürzerer Zeit. Ich genieße den Augenblick, arbeite konzentriert und erreiche dadurch immer mehr.

Bildhafte Vorstellung:
Stellen Sie sich vor: Sie stehen am Ende eines Tages erfüllt und stolz vor Ihrem Tagesplan. Sehen Sie auf Ihren Plan und empfinden Sie die Freude, alles geschafft zu haben. Freuen Sie sich, dass Sie durch konsequente Planung immer mehr erreichen. Sehen Sie, wie aufgeräumt Ihr Arbeitsplatz ist. Stellen Sie sich vor, dass Sie nun Zeit für Beschäftigungen haben, für die Sie früher nie Zeit hatten.

Ich nutze die Zeit optimal

Tag	Gedankenkontrolle	Suggestion	Kurzformel	Gesamtbewertung
1.				
2.				
3.				
4.				
5.				
6.				
7.				
8.				
9.				
10.				
11.				
12.				
13.				
14.				
15.				
16.				
17.				
18.				
19.				
20.				
21.				

Ich bewerte meine geistige Arbeit täglich und verbessere mich dadurch.

Bewertungen: + mäßig ++ gut +++ sehr gut

Prüfen Sie Ihre geistige Arbeit täglich und verbessern Sie sich dadurch. Motivieren Sie sich, indem Sie sich selbst bewerten. Die 21-Tage-Tafel soll Ihnen klar vor Augen führen, wie viel Sie beigetragen haben, um Ihr Ziel zu erreichen. Bewerten Sie, wie gut Sie in der Gedankenkontrolle, im Suggerieren oder im mentalen Training waren und wie oft Sie sich die Kurzformel gedacht oder vorgesagt haben. Zum Schluss können Sie sich noch eine Tagesnote geben. Denken Sie daran: Gute Ergebnisse verlangen Einsatz!
Durch die Koordination von Gedanken-, Vorstellungs- und Gefühlskraft erreichen Sie Ihr Ziel am schnellsten.

Selbstbild: Ich bin wichtig und wertvoll

Motivationstext:
Ich nehme mich an, wie ich bin, denn ich weiß, dass ich alles besitze, um ein glückliches Leben führen zu können. Ich kann selbstständig denken und kann durch die Kraft meiner Gedanken mein Schicksal beeinflussen. Zufriedenheit entsteht in meinem Herzen. Deshalb lebe ich bewusst im Hier und Jetzt. Ich nutze meine natürlichen Gaben und Fähigkeiten voll aus. Ich bin bereit, mich so anzunehmen, wie ich bin, und mich von nun an täglich zu verbessern. Ich akzeptiere meine Einmaligkeit, so wie ich die Einmaligkeit eines jeden Menschen akzeptiere. Ich weiß, dass ich mit Fähigkeiten ausgestattet bin, die kein anderer in diesem Maß besitzt. Diese Fähigkeiten setze ich zu meinem und zum Wohle meiner Mitmenschen ein. Ich schenke mir so Erfüllung und verwirkliche mich dabei. Ich arbeite täglich an meiner Selbstentfaltung. Jeden Tag entwickle ich mich mehr und mehr, und ich glaube an mich. Ich bin dankbar, meine Fähigkeiten zu leben, und nehme mich bedingungslos an. Ich nehme mich an und arbeite an mir. Durch nichts und niemanden lasse ich mich abhalten. Ich gebe äußeren Umständen keine Macht über mein Wohlbefinden. Ich bin glücklich und zufrie-

> **Der Weg zum Erfolg beginnt mit der Selbstbesinnung auf die eigenen Kräfte.**
> Matthias Scharlach

> **Wenn es einen Glauben gibt, der Berge versetzen kann, so ist es der Glaube an die eigene Kraft.**
> Marie von Ebner-Eschenbach

den, weil ich mich annehme, wie ich bin. Ich freue mich, der Mensch zu sein, zu dem ich aufgrund meiner Einmaligkeit bestimmt bin. Ich freue mich von Tag zu Tag immer mehr, ein wertvoller Mensch zu sein und zu bleiben.

Kurzformel:
Ich nehme mich an, wie ich bin, und arbeite konsequent an meiner Persönlichkeit. Ich erkenne meinen Wert und meine Einmaligkeit.

Suggestion:
Ich nehme mich an, wie ich bin. Ich lasse alle natürlichen Gaben meiner Persönlichkeit zu. Ich entwickle mich von Tag zu Tag. Ich bin ein guter, wertvoller Mensch und ich lasse zu, dass andere mich lieben. Mein Selbstwertgefühl wächst von Tag zu Tag. Ich bin geistig und seelisch aufgerichtet. Ich freue mich über mein Selbstwertgefühl. Ich lebe voller Freude und Harmonie. Meine Fähigkeiten entwickeln sich immer mehr und mehr. Ich bin mit mir in Harmonie und liebe mich.

Bildhafte Vorstellung:
Stellen Sie sich vor, Sie stehen vor dem Spiegel und sind stolz auf Ihr Spiegelbild. Spüren Sie, wie wohl Sie sich dabei fühlen. Fühlen Sie die Freude, die aufsteigt, weil Sie erkennen, dass Sie genauso viel wert sind wie jeder andere Mensch. Sehen Sie sich unter Freunden, die positiv über Sie sprechen. Hören Sie, wie man hinter Ihrem Rücken Komplimente über Sie austauscht. Freuen Sie sich über all diese Ereignisse und erleben Sie sich in der Vorstellung.

Zu sein, was wir sind. Und zu werden, wozu wir fähig sind zu werden, ist das einzige Ziel des Lebens.
Robert Louis Stevenson

Ich bin wichtig und wertvoll

Tag	Gedankenkontrolle	Suggestion	Kurzformel	Gesamtbewertung
1.				
2.				
3.				
4.				
5.				
6.				
7.				
8.				
9.				
10.				
11.				
12.				
13.				
14.				
15.				
16.				
17.				
18.				
19.				
20.				
21.				

Ich bewerte meine geistige Arbeit täglich und verbessere mich dadurch.

Bewertungen: + mäßig ++ gut +++ sehr gut

Gedankendisziplin: Ich bin Herr meiner Gedanken und Gefühle

Motivationstext:

Von nun an denke, handle und fühle ich bewusst. Ich lasse nur positive Gefühle und Gedanken zu, alles Negative berührt mich nicht. Ich habe meine Gedanken unter Kontrolle. Ich denke konstruktiv und aufbauend.

> **Wer immer sagt, was er denkt, sollte sich schnell einen Pass besorgen.**
> Persisches Sprichwort

Mit Freude und Selbstvertrauen beginne ich jeden neuen Tag. Jeden Tag fällt es mir leichter, meine Gedanken zu kontrollieren. Ich bin Herr meiner Gedanken und nutze meine geistigen Fähigkeiten voll aus. Ich lasse nur Gutes durch den Filter meines Bewusstseins. Ich beherrsche meine Gedanken und fühle, wie neuer Lebensmut in mein Gemüt strömt.

Ich verbessere mich von Tag zu Tag. Ich sehe die Widrigkeiten des Schicksals und trete den Schwierigkeiten offen gegenüber. Ich mache aus jeder Situation das Beste. Ich erinnere mich nur noch an positive Ereignisse und vergesse alles Negative, Unnütze. Ich lebe von nun an in vollem Bewusstsein, als Herr meiner Gedanken.

Kurzformel:

Ich beherrsche meine Gedanken in jeder Situation. Ich lebe bewusst und voller Freude. Ich genieße es, Herr meiner Gedanken und Gefühle zu sein.

Suggestion

Positive Gedanken und Gefühle erfüllen mich. Ich bin Herr meiner Gedanken und Gefühle. Ich habe sie stets unter Kontrolle. Ich freue mich, beherrscht und menschlich zu sein. Ich meistere mein Schicksal mit positiven Gedanken. Ich freue mich, auf dem richtigen Weg zu sein, und erlebe nur noch positive Gedanken und Gefühle. Ich lasse nur Gutes an mich heran. Ich danke der Schöpfung und meinem Unterbewusstsein, dass ich nur für positive Gedanken empfänglich bin.

> **Ein wirklich eigener Gedanke ist immer noch so selten wie ein Goldstück im Rinnstein.**
> Christian Morgenstern

Bildhafte Vorstellung:
Stellen Sie sich in der Imagination vor, dass Sie einen Filter in Ihrem Gehirn haben, der auf „positiv“ gestellt ist. Sehen Sie zu, wie nur gute Gedanken einströmen, und sehen Sie, wie alles Negative Sie nicht berührt. Sehen Sie sich beim intensiven Nachdenken oder in Stresssituationen, in denen Sie die Übersicht und Ruhe behalten und immer ausgeglichen bleiben. Sehen Sie sich in Harmonie. Lassen Sie alle positiven Gefühle zu.

Der Gedanke ist die unsichtbare Natur, die Natur der unsichtbare Gedanke.
Heinrich Heine

Lesen Sie mindestens einmal täglich – wenn möglich zweimal – den Motivationstext (am Morgen und am Abend). Er hilft Ihnen, Ihre Gedanken auch tagsüber zu kontrollieren. Notieren Sie sich die Kurzformel auf einem Zettel, der Ihnen täglich mehrere Male ins Blickfeld gelangt (zum Beispiel in der Geldbörse oder im Tagesplaner).
Wann immer Sie die Zeit und Möglichkeiten haben, sehen Sie Ihr Ziel bildhaft auf Ihrem geistigen Bildschirm. Freuen Sie sich darüber, das Ziel schon erreicht zu haben.

Ich bin Herr meiner Gedanken und Gefühle

Tag	Gedankenkontrolle	Suggestion	Kurzformel	Gesamtbewertung
1.				
2.				
3.				
4.				
5.				
6.				
7.				
8.				
9.				
10.				
11.				
12.				
13.				
14.				
15.				
16.				
17.				
18.				
19.				
20.				
21.				

Ich bewerte meine geistige Arbeit täglich und verbessere mich dadurch.

Bewertungen: + mäßig ++ gut +++ sehr gut

Arbeit: Ich erfülle meine Aufgaben optimal

Motivationstext:
Ich weiß, dass ich im Leben eine Aufgabe habe, die mir zugeteilt ist. Ich gebe mein Bestes, in jeder Minute, in jeder Sekunde, um meiner Aufgabe gerecht zu werden. Beharrlich arbeite ich an meinen Zielen. Ich weiß, dass ich Fehler mache, aber diese sind gegenüber meinen guten Taten belanglos.
Ich ernte die Früchte meines Lebens, weil ich alle mir gestellten Aufgaben optimal angehe und löse.

Was könnte man nicht alles schaffen, wenn man nicht ständig arbeiten müsste.
Unbekannt

Ich kenne die geistigen Gesetze und trachte daher nach den geistigen Reichtümern, weil ich weiß, dass alles andere von alleine erfolgt. Das Leben bietet mir alles, und ich bin offen und frohen Herzens, Aufgaben zu bekommen, die mir gerecht sind.

Kurzformel:
Voller Freude erfülle ich in jeder Minute meine Aufgabe optimal. Das Leben macht mir immer mehr Spaß und Freude.

Suggestion:
Alles, was ich tue, erledige ich gerne und voller Hingabe. Die mir gestellten Aufgaben erfülle ich mit Freude, ich reife und wachse daran. Alle meine Vorhaben gelingen mir leicht und sicher. Alles, was ich beginne, führe ich mit Erfolg zu Ende. Ich wachse mit jeder Aufgabe an Geist, Seele und Körper. Es macht mir unendliche Freude, alle Aufgaben bestens zu erfüllen.

Bildhafte Vorstellung:
Stellen Sie sich vor, dass Sie zufrieden arbeiten, hören Sie, wie andere anerkennend über Sie sprechen. Sehen Sie, wie alle Menschen um Sie herum zufrieden sind. Erfreuen Sie sich daran, dass Sie täglich reifer werden und Bestätigung erhalten. Sehen Sie sich in Situationen, in denen Sie sich optimal verhalten. Erfreuen Sie sich an Aufgaben, mit denen Sie wachsen.

Mein Vater lehrte mich zu arbeiten, aber er hat mich nicht gelehrt, es gerne zu tun.
Abraham Lincoln

Ich erfülle meine Aufgaben optimal

Tag	Gedankenkontrolle	Suggestion	Kurzformel	Gesamtbewertung
1.				
2.				
3.				
4.				
5.				
6.				
7.				
8.				
9.				
10.				
11.				
12.				
13.				
14.				
15.				
16.				
17.				
18.				
19.				
20.				
21.				

Ich bewerte meine geistige Arbeit täglich und verbessere mich dadurch.

Bewertungen: + mäßig ++ gut +++ sehr gut

Bewertung:
Ich nehme meine Mitmenschen an, wie sie sind

Motivationstext:

Jeder Mensch hat seine Eigenarten, seine Probleme, Vorlieben und Maßstäbe. Ich weiß, dass ich nicht mit meinem Maß messen kann, und deshalb lasse ich jedem Menschen das Recht, so zu sein, wie er ist. Ich erkenne die Wirklichkeit hinter dem Schein und lasse mich nicht von unmöglichem Verhalten irreführen. Ich weiß, dass jeder Mensch sich nach Anerkennung sehnt und dass jeder Mensch nach Harmonie strebt. Deshalb sehe ich in jedem Menschen das Gute und Aufbauende und lasse mich nicht vom Schein täuschen.

Jeder Mensch hat das Recht, so zu sein, wie er ist. Durch meine Selbsterkenntnis gewinne ich immer mehr Verständnis für meine Mitmenschen. Ich gebe ihnen Liebe und Freude. Ich gehe mit gutem Beispiel voran. Ich sehe in jedem Menschen das Gute und helfe ihm, sich zu entwickeln. Ich baue meine Mitmenschen auf und spreche ihnen Mut zu. Ich weiß, dass sich hinter Arroganz Unsicherheit verbirgt, hinter Zorn die Unfähigkeit, die Situation zu meistern, und hinter Machtgelüsten die Angst vor der Ohnmacht. Daher lasse ich mich von diesen Fassaden nicht täuschen. Ich sehe das Gute hinter dem Schein.

> **Alle Menschen bemühen sich anders zu sein als sie sind.**
> Olaf Gulbransson

Ich weiß, dass die Menschen nicht immer so reagieren, wie sie möchten, dass sie vielmehr ein Spielball ihrer Programme sind. Deshalb nehme ich jeden Menschen so an, wie er ist. Ich helfe ihm mit Worten, Taten, aber auch ohne Worte, mit ehrlichen Gefühlen. Ich bin dabei nicht nur auf Anerkennung aus, ich weiß aber, dass ich das Gute tausendmal zurückerhalte. Ich weiß, dass der Schein oft trügt, und deshalb lasse ich mich nicht blenden und trete jedem Menschen offen gegenüber.

Kurzformel:

Ich akzeptiere meine Mitmenschen und führe durch das gute Beispiel. Ich nehme jeden Menschen so an, wie er ist. Meine Toleranz wächst täglich.

Suggestion:
Ich bin tolerant und nehme meine Mitmenschen an, wie sie sind. Ich respektiere sie und erkenne in jedem Menschen die Einmaligkeit. Ich bin dankbar, dass auch ich so angenommen werde, wie ich bin. Mein Leben ist leicht, weil ich tolerant und selbstbewusst bin. Ich gehe gezielt meinen Weg und beachte dabei die Würde eines jeden Menschen.

Bildhafte Vorstellung:
Stellen Sie sich vor, mit Menschen zusammen zu sein, die Sie früher nicht leiden konnten. Stellen Sie sich Situationen vor, am Arbeitsplatz, bei Kollegen, im Sport oder zu Hause. Und sehen Sie sich ruhig und gelassen, wie Sie den Menschen interessiert zuhören. Freuen Sie sich, dass Sie in sich ruhen und dass Sie tolerant sind. Sehen Sie, wie Sie dadurch von anderen bewundert werden, wie Sie es verstehen, mit allen Menschen auszukommen. Lassen Sie dabei positive Gefühle zu und freuen Sie sich, weil Sie ab jetzt neue Menschen kennen lernen, die Sie achten und von denen Sie geachtet werden.

Man sollte dem Menschen auch die Freiheit geben, zu gehorchen.
Ludwig Marcuse

Ich nehme meine Mitmenschen an, wie sie sind

Tag	Gedankenkontrolle	Suggestion	Kurzformel	Gesamtbewertung
1.				
2.				
3.				
4.				
5.				
6.				
7.				
8.				
9.				
10.				
11.				
12.				
13.				
14.				
15.				
16.				
17.				
18.				
19.				
20.				
21.				

Ich bewerte meine geistige Arbeit täglich und verbessere mich dadurch.

Bewertungen: + mäßig ++ gut +++ sehr gut

Verkaufen: Ich steigere meine Verkaufsfähigkeiten

Motivationstext:

Ich weiß, dass ich täglich von neuem verkaufen muss. Ich „verkaufe" mir jeden Morgen, dass ich mich liebe und annehme. Ich „verkaufe" mir, dass ich mein Bestes gebe und ein guter Mensch bin. Ich „verkaufe" meiner Familie, dass ich stets für sie sorge und sie liebe. Ich erkenne also, dass verkaufen nicht allein Beruf ist, sondern ein natürliches, sich täglich wiederholendes Ereignis.

> **Verkaufen ist nichts anderes, als dem Partner erlauben, meine Meinung zu seiner eigenen zu machen.**
> Franz Luwein

Wenn ich aber von Berufs wegen verkaufen muss, will ich das gerne tun und meinen Kunden helfen, die richtige Entscheidung zu treffen. Meine Produkte erleichtern anderen das Leben, daher sind sie gefragt. Ich bin überzeugt von meinem Beruf und weiß, dass meine Arbeit Gutes bewirkt.

Meine Arbeit als Verkäufer ist wichtig, denn Geschäfte und Handel haben den Menschen Wohlstand gebracht. Ich will meinen Teil dazu beitragen, und alle Menschen, die meine Produkte benötigen, davon überzeugen, welche Erleichterung sie dadurch haben.

Ich verkaufe nichts, wovon ich nicht überzeugt bin, dass es gebraucht wird, oder wenn ich befürchten muss, dass es den Menschen Nachteile bringt. Aber jedermann überzeuge ich, wenn ich weiß, dass es ihm Vorteile bringt. Ich gebe keine Verkaufsverhandlungen gleichgültig auf oder breche diese ab, ehe ich nicht alles versucht habe, den Kunden vom Vorteil meines Produkts zu überzeugen. Ich diene den Menschen und verdiene dabei immer mehr und besser. Ich überliste niemanden oder überzeuge ihn gegen seinen Willen. Ich verkaufe durch meine Ehrlichkeit von Tag zu Tag mehr. Das Schicksal honoriert meinen Einsatz mit Freude. Ich verdiene durch Dienen.

> **Alles wird teurer, nur die Ausreden werden immer billiger.**
> Rolf Bernhard

Kurzformel:

Ich verkaufe ehrlichen Herzens und voller Freude. Durch mein aktives Handeln vergrößern sich meine Verkaufserfolge von Tag zu Tag.

Suggestion:

> **Wenn man nur das verkaufen würde, was die Menschen wirklich brauchen, wären wir wieder bei der Naturalwirtschaft.**
> Matthias Scharlach

Ich verkaufe von Tag zu Tag mehr. Ich ziehe die richtigen Kunden magnetisch an. Durch mein ehrliches Verkaufen diene ich allen Beteiligten. Ich verkaufe gerne und voller Freude. Ich bin vom Vorteil meiner Produkte überzeugt, und ich bin dankbar, von Tag zu Tag immer mehr und besser zu verkaufen. Ich diene und verdiene.

Bildhafte Vorstellung:

Sehen Sie sich beim Kunden, der Ihnen dankt, dass Sie ihn so gut beraten haben. Sehen Sie sich bei Ihrer Führungskraft, die Ihnen wegen der erbrachten Leistung gratuliert. Oder sehen Sie Ihren Kontoauszug mit einer entsprechend hohen Summe im Haben. Geben Sie sich dabei dem Gefühl der Freude und Zufriedenheit hin. Lassen Sie alle positiven Gefühle zu und erfreuen Sie sich an den Zahlen, als wären diese schon Wirklichkeit.

Sie müssen sich schon am Ziel sehen, das ist für das Unterbewusstsein ein klarer und deutlicher Wunsch. Schaffen Sie dem Unterbewusstsein die Realität in der Vorstellung, die Sie in Wirklichkeit haben möchten.

Ich steigere meine Verkaufsfähigkeiten

Tag	Gedankenkontrolle	Suggestion	Kurzformel	Gesamtbewertung
1.				
2.				
3.				
4.				
5.				
6.				
7.				
8.				
9.				
10.				
11.				
12.				
13.				
14.				
15.				
16.				
17.				
18.				
19.				
20.				
21.				

Ich bewerte meine geistige Arbeit täglich und verbessere mich dadurch.

Bewertungen: + mäßig ++ gut +++ sehr gut

Zielerreichung: Ich erreiche mein Ziel sicher

Motivationstext:

Ich weiß, dass Wünsche und Ziele Vorboten meiner Fähigkeiten sind. Ich weiß, dass ich alles erreichen kann, wenn ich es wirklich will und wofür ich zu arbeiten bereit bin. Ich schone mich nicht, mein Ziel zu erreichen, ich verfolge es mit Ausdauer und Disziplin. Ich gebe mein Ziel nur auf, wenn höhere Aufgaben und Ziele rufen. Ich arbeite eisern und zäh, denn damit schaffe ich Gutes. Der Versager gibt bei Widerstand auf, ich aber verdopple meinen Fleiß, denn ich weiß, dass ich jedes realistische Ziel erreichen kann.

Meine Ziele sind eine Bereicherung für die Menschen. Alles, was ich tue, tue ich für mich und meine Mitmenschen. Ich suche mir die Freunde, die meinen Willen unterstützen, und trenne mich von Kleingeistern, die mich zu bremsen versuchen. Meine Ziele sind gut und dienen den Menschen, daher erreiche ich, was ich mir vornehme.

> **Wer ein Ziel hat, ist der Lösung schon sehr nahe.**
> Matthias Scharlach

Ich nehme mir großartige Menschen zum Vorbild und folge ihrem Beispiel an Güte, positiver Einstellung, Ausdauer und Zuversicht. Ich weiß, dass auch ich so werden kann. Ich weiß, dass ich alle Gaben besitze, die ich zum Erfolg benötige. Mein Selbstvertrauen stärkt sich von Tag zu Tag. Ich erreiche mein Ziel und lasse andere Menschen daran teilhaben. Das Leben ist auf meiner Seite, und ich genieße es in allen Bereichen.

> **Wer all seine Ziele erreicht hat, hat sie wahrscheinlich zu niedrig gewählt.**
> Herbert von Karajan

Kurzformel:

Ich erreiche sicher mein Ziel durch meinen Fleiß und meine Disziplin. Ich verwirkliche mein Ziel bis zum Erfolg.

Suggestion:

Ich ziehe die richtigen Menschen und Informationen an, die mir helfen, mein Ziel schneller zu erreichen. Ich bin dankbar, mein Ziel schnell, leicht und sicher zu erreichen. Ich danke meinem Unterbewusstsein für die fleißige Mitarbeit. Ich gebe mein Bestes und freue mich, mein Ziel erreicht zu haben. Alle Kräfte des Universums sind auf meiner Seite.

Bildhafte Vorstellung:

Stellen Sie sich vor, Sie sind am Ziel. Erleben Sie, wie Sie sich fühlen, wenn Sie Ihr Ziel erreicht haben. Sehen Sie in der Entspannung, wie Ihnen die Menschen gratulieren, und empfinden Sie Freude und Genugtuung. Seien Sie stolz auf das, was Sie erreicht haben. Erfüllen Sie Ihr Gemüt mit Freude.

> **Der Langsamste, der nur sein Ziel nicht aus den Augen verliert, geht immer noch geschwinder als der, der ohne Ziel umherirrt.**
>
> Gotthold Ephraim Lessing

Ich erreiche mein Ziel sicher

Tag	Gedankenkontrolle	Suggestion	Kurzformel	Gesamtbewertung
1.				
2.				
3.				
4.				
5.				
6.				
7.				
8.				
9.				
10.				
11.				
12.				
13.				
14.				
15.				
16.				
17.				
18.				
19.				
20.				
21.				

Ich bewerte meine geistige Arbeit täglich und verbessere mich dadurch.

Bewertungen: + mäßig ++ gut +++ sehr gut

Im Augenblick leben: Ich lebe im Hier und Jetzt

Motivationstext:

> **Die Herrschaft über den Augenblick ist die Herrschaft über das Leben.**
> Marie von Ebner-Eschenbach

Ich weiß, dass ich weder in der Vergangenheit noch in der Zukunft leben kann, sondern nur im gegenwärtigen Augenblick. Ich weiß, dass das Leben aus einer einzigen Kette von Augenblicken besteht. Deshalb lebe ich bewusst im Hier und Jetzt. Ich genieße jeden Augenblick. Ich weiß nicht, ob ich morgen noch auf dieser Welt bin, aber ich weiß, dass ich jetzt lebe. Ich lebe im Beruf, ich lebe in der Freizeit und ich lebe von nun an jede Minute gerne und bewusst.
Gerade jetzt tue ich das, was ich immer schon tun wollte: Ich bin gut zu meinen Mitmenschen und zu mir. Ich genieße den Augenblick und gebe mein Bestes. Ich nehme mich an, wie ich bin, und gebe in jedem Augenblick mein Bestes.
Ich helfe, wo ich helfen kann, aber als Erstes helfe ich mir, denn ich weiß, dass ich anderen Menschen nur dann helfen kann, wenn ich selbst ausgeglichen bin. Ich zeige anderen den Weg, und wenn sich Steine in den Weg legen, räume ich diese beharrlich beiseite.
In jedem Augenblick beweise ich meinen Mut und meine positiven Gedanken durch aktives Problemlösen. Im Jetzt bin ich Herr meiner Gedanken und Gefühle. Hier und jetzt beginnt ein neues Leben, denn ich lebe bewusst.

Kurzformel:
Ich lebe bewusst im Hier und Jetzt und genieße den Augenblick. Ich lebe leichter und leichter.

Suggestion:
Ich nehme den Augenblick an, wie er kommt, und erfreue mich am Leben. Ich genieße das Leben in allen Bereichen und wachse von Tag zu Tag. Ich erledige alles Wichtige sofort. Ich fühle mich wohl. Voller Lebensfreude genieße ich den Tag in allen Situationen. Ich bleibe ruhig und gelassen und genieße den Augenblick.

> **Der mächtigste von allen Herrschern ist der Augenblick.**
> Friedrich von Schiller

Bildhafte Vorstellung:
Erleben Sie sich in der Entspannung ruhig und gelassen. Sehen Sie, wie Sie im Augenblick leben und voll Freude sind. Sehen Sie sich entspannt, frei von Sorgen und voller Freude. Genießen Sie das Gefühl, im Augenblick zu leben, denn nur da gibt es Harmonie.

Erzähle mir die Vergangenheit, und ich werde die Zukunft erkennen.
Konfuzius

Ich lebe im Hier und Jetzt

Tag	Gedankenkontrolle	Suggestion	Kurzformel	Gesamtbewertung
1.				
2.				
3.				
4.				
5.				
6.				
7.				
8.				
9.				
10.				
11.				
12.				
13.				
14.				
15.				
16.				
17.				
18.				
19.				
20.				
21.				

Ich bewerte meine geistige Arbeit täglich und verbessere mich dadurch.

Bewertungen: + mäßig ++ gut +++ sehr gut

Gesundheit: Gesund und vital gehe ich durchs Leben

Motivationstext:

Ich sehe meinen Körper als Wunderwerk der Schöpfung. Kein Computer, keine Maschine kann je so wundervoll funktionieren wie mein Körper. Ich achte auf meinen Körper, denn ich weiß, dass nur in einem gesunden Körper ein gesunder Geist wohnen kann. Mein Körper ist von einer wunderbaren Vollkommenheit geschaffen, einer Intelligenz, die größer ist als ich. Ich achte daher meinen Körper als Werkzeug, das mir dient.

> **Es gibt tausend Krankheiten, aber nur eine Gesundheit.**
> Gerhard Reichel

Ich weiß, dass dieser Körper einmalig ist, daher gebe ich ihm die Ruhe, die er braucht, die Bewegung, die er benötigt, und die Nahrung, die er zu seiner optimalen Funktion benötigt. Ich gebe ihm viel frische Luft, nehme ihn an, wie er ist, und pflege ihn. Ich gebe ihm den Schlaf, den er benötigt, und die Anerkennung, die er zum optimalen Gedeihen braucht. Wenn mein Körper nicht meinen Vorstellungen entspricht, so werde ich seine Fehler ehrfurchtsvoll akzeptieren, denn ich weiß, es gibt nur Ursache und Wirkung. Ich erkenne die Aufgabe daran und erfülle sie. Ist mein Körper krank, so erforsche ich die Ursache, beseitige sie und sorge dafür, dass er nicht wieder darunter leiden muss. Seine Krankheit macht mich auf Fehler aufmerksam, die ich im Geist verursacht habe. Diese geistigen Ursachen beseitige ich und bleibe ausgeglichen und froh.

> **Es gibt eine einfache Formel für die Verlängerung des Lebens: die Zeit am Esstisch halbieren, die Zeit im Freien verdoppeln.**
> Paul Holzer

Von Tag zu Tag fühle ich immer mehr Harmonie in mir. Ich habe einen gesunden Körper, der von einem gesunden Geist gesteuert wird.

Kurzformel:

Ich achte auf die Bedürfnisse meines Körpers und lebe gesund. Ich habe einen gesunden, vitalen Körper.

Suggestion:
Ich bin gesund und vital. Ich atme frische Luft und genieße jeden Atemzug. Ich trainiere meine Muskeln und fühle, wie mein Körper von Tag zu Tag vitaler und gesünder wird. Ich esse langsam und bewusst das, was mein Körper braucht. Morgens wache ich frisch und erholt auf und pflege meinen Körper mit Gedanken und Taten. Mein Körper ist schön, ich liebe und achte ihn.

Wer mit fünfundsechzig Jahren gesund bleiben will, muss mit fünfundzwanzig Jahren damit anfangen.
Elmer White

Bildhafte Vorstellung:
Stellen Sie sich vor, Sie sind vollkommen gesund. Erleben Sie, wie frisch und erholt Ihr Körper ist. Sehen Sie den gewünschten, realistischen Körperbau. Sehen Sie sich, wie Sie Vitalkost essen, und fühlen Sie in der Vorstellung, wie gut Ihrem Körper das tut. Wenn Sie ein körperliches Leiden haben, lassen Sie in Ihrer Vorstellung die Sonne auf diese Stelle scheinen und freuen Sie sich über die Heilung.

Gesund und vital gehe ich durchs Leben

Tag	Gedankenkontrolle	Suggestion	Kurzformel	Gesamtbewertung
1.				
2.				
3.				
4.				
5.				
6.				
7.				
8.				
9.				
10.				
11.				
12.				
13.				
14.				
15.				
16.				
17.				
18.				
19.				
20.				
21.				

Ich bewerte meine geistige Arbeit täglich und verbessere mich dadurch.

Bewertungen: + mäßig ++ gut +++ sehr gut

Führung: Ich motiviere und führe Menschen ehrlichen Herzens

Motivationstext:

Ich bin motiviert, jeden Tag, jede Stunde mein Bestes zu geben. Ich überprüfe meine Motive und öffne mein Herz dem Guten und Nutzbringenden. Ich übernehme gerne die Aufgabe, zu führen. Meinen Partner führe ich voller Liebe und Verständnis, meine Kinder voller Nachsicht und Hingabe. Ich führe und motiviere durch mein Beispiel. Ich motiviere jeden Menschen durch positiven Einfluss, stets sein Bestes zu geben. Meine Mitarbeiter sporne ich an, dass sie mehr und besser verdienen. Ich zeige ihnen offen, dass ich sie brauche, und führe sie so gut, dass sie gerne mit mir arbeiten. Ich führe alle zu besten und größten Leistungen, an denen sie wachsen und reifen. Stillstand ist Rückschritt. Das Leben ist ständig in Bewegung, und es ist meine Aufgabe, jede Persönlichkeit zu berücksichtigen und die Menschenwürde zu achten. Ich führe hart, aber gerecht. Nichts überlasse ich dem Zufall. Ich weiß, dass unterlassene Motivation alle Beteiligten am Erfolg hindert. Meine Macht, Menschen zu beeinflussen, nutze ich, um das persönliche Wachstum jedes Einzelnen zu fördern. Meine Motivation ist reiner Natur, getragen von Liebe und Gerechtigkeit. Je öfter ich meine Mitmenschen motiviere, umso mehr sorge ich für das Allgemeinwohl. Ich bin froh und dankbar, meine Aufgabe gut zu erfüllen.

Führungskräften, die sich behaupten müssen, fehlt es am Kopf.
Unbekannt

Kurzformel:

Ich motiviere meine Mitmenschen ehrlichen Herzens und sporne sie zu Höchstleistungen an. Ich achte und schätze die Persönlichkeit und Leistung jedes Einzelnen.

Suggestion:

Ich erkenne die Fähigkeiten meiner Mitarbeiter und setze sie am richtigen Platz ein. Ich führe durch mein Beispiel und ziehe magnetisch die richtigen Mitarbeiter an. Ich freue mich am gemeinsamen Erfolg. Ich setze mein Talent zur Führung zielgerichtet ein. Ich bin eine vorbildliche Führungskraft und eine Bereicherung für den Betrieb und die Mitarbeiter.

Bildhafte Vorstellungen:

Stellen Sie sich Ihre Mitarbeiter vor. Sie arbeiten gerne für Sie und sind glücklich, Sie als Chef zu haben. Oder sehen Sie einen Mitarbeiter, der eine Gehaltserhöhung bekommt, weil er so gute Leistungen erbracht hat – es ist Ihr Verdienst.

Freuen Sie sich, dass in Ihrer Abteilung, in Ihrem Bereich ein harmonisches Klima herrscht. Erleben Sie die Entwicklung der Menschen in Ihrem Umfeld. Freuen Sie sich in dieser Vorstellung. Sehen Sie alles positiv und harmonisch.

Nur wenige Führungskräfte sehen ein, dass sie letztlich nur eine einzige Person führen können und auch müssen. Diese Person sind sie selbst.

Peter F. Drucker

Ich motiviere und führe Menschen ehrlichen Herzens

Tag	Gedankenkontrolle	Suggestion	Kurzformel	Gesamtbewertung
1.				
2.				
3.				
4.				
5.				
6.				
7.				
8.				
9.				
10.				
11.				
12.				
13.				
14.				
15.				
16.				
17.				
18.				
19.				
20.				
21.				

Ich bewerte meine geistige Arbeit täglich und verbessere mich dadurch.

Bewertungen: + mäßig ++ gut +++ sehr gut

Geld:
Reichtum und Wohlstand fließen mir zu

Motivationstext:
Die Natur ist im Überfluss mit Reichtum ausgestattet. Ich ziehe meinen Teil durch aktives Tun und positives Denken an. Die Natur stellt mir alles zur Verfügung, und ich nehme es dankbar an. In meinem Geist herrschen die richtigen Gedanken und die richtigen Einsichten vor. Ich genieße diesen Wohlstand, denn ich weiß, dass ich damit alles Wünschenswerte anziehe. Ich trachte nach den geistigen Werten, denn damit ziehe ich das Materielle an. Ich bin nicht abhängig vom Materiellen, sondern genieße, was ich habe, und freue mich darüber, Reichtum und Wohlstand als natürliche Elemente meines Lebens zu betrachten.

> **Wohlstand ist eine Grundlage, aber kein Leitbild für die Lebensgestaltung. Ihn zu bewahren ist noch schwerer als ihn zu erwerben.**
>
> Ludwig Erhard

Ich bin großzügig im Geben und bin bereit zu empfangen. Ich bin es wert, gesund und glücklich zu sein, in Wohlstand und Reichtum. Ich bin nicht an meinen Besitz gebunden, denn ich besitze ihn, nicht er mich. Ich bin offen und genieße es, immer mehr zu besitzen. Ich setze meinen Wohlstand ein, anderen Menschen zu helfen. Ich kann Dinge kaufen und Arbeitsplätze schaffen, ich kann Häuser bauen und Wohnungen schaffen, ich kann mit meinem Geld viel für die Menschheit tun. Ich weiß, je mehr ich meinen Besitz in den Dienst der Menschheit stelle, desto mehr Wohlstand ziehe ich an.

Kurzformel:
Ich ziehe Reichtum und Wohlstand magnetisch an. Ich denke und handle positiv und genieße inneren und äußeren Reichtum.

Suggestion:
Ich bin dankbar für meinen Wohlstand und meinen Reichtum. Ich bin glücklich und genieße es, wohlhabend und reich zu sein. Von Tag zu Tag vergrößere ich meinen Reichtum durch ehrliches Schaffen und Tun. Ich genieße das Leben und nehme dankbar an. Ich bin reich an Erkenntnissen und reich an Vermögen. Ich verdiene immer mehr, und mein Vermögen mehrt sich. Mein ganzes Leben ist Ausdruck von Reichtum, spirituell und materiell.

Bildhafte Vorstellung:

Stellen Sie sich vor, Sie bewohnen Ihr Traumhaus, Sie gehen gut essen oder Sie geben eine Party. Bauen Sie sich ein realistisches Bild, wie Sie sich Ihren Wohlstand vorstellen. Stellen Sie sich vor, wie Sie andere Menschen fördern und selbst zu mehr Reichtum gelangen.

Der Weg zum Reichtum liegt in zwei Wörtern: Arbeit und Sparsamkeit.

Benjamin Franklin

Reichtum und Wohlstand fließen mir zu

Tag	Gedankenkontrolle	Suggestion	Kurzformel	Gesamtbewertung
1.				
2.				
3.				
4.				
5.				
6.				
7.				
8.				
9.				
10.				
11.				
12.				
13.				
14.				
15.				
16.				
17.				
18.				
19.				
20.				
21.				

Ich bewerte meine geistige Arbeit täglich und verbessere mich dadurch.

Bewertungen: + mäßig ++ gut +++ sehr gut

Liebe: Ich lebe die Liebe

Motivationstext:

Ich lebe die Liebe, denn Gott ist die Liebe. In allen Bereichen der Natur beobachte ich die Größe der Schöpfung. Ich sehe, mit welcher Liebe und Hingabe sie geschaffen wurde. Ich liebe von nun an alles, was mir begegnet. Ich halte mir gerne folgende Worte vor Augen:
In Stille und Ruhe, ohne viele Worte, wirke ich als Botschafter der Liebe. Ich entdecke die Macht der Liebe in allen Details. Ich erkenne die Größe der Menschen, ihre verborgenen Vollkommenheiten und ihre göttlichen Fähigkeiten an. Ich erkenne und akzeptiere mit Achtung die Macht der Liebe.

> **Geliebt wirst du einzig, wo du schwach dich zeigen darfst, ohne Stärke zu provozieren.**
> Theodor W. Adorno

Nichts kann meine Liebe erschüttern, denn nichts im Leben ist mehr wert als ein Herz voller Liebe. Kein Reichtum kann die Liebe ersetzen. Ich weiß, dass das Leben an Sinn verliert, wenn die Liebe vergessen wird. Ich akzeptiere mich liebevoll in meiner Unvollkommenheit, ich akzeptiere meine Fehler und ändere, was ich ändern kann. Ich liebe das Geschaffene und erfreue mich am Lohn. Ich liebe meinen Körper, denn er ist von mir geformt, ich liebe meine Gedanken, denn damit schaffe ich mein Schicksal, ich liebe das Leben, denn es gibt mir die Möglichkeit, meine Gedanken zu realisieren. Ich verschwende keine großen Worte, sondern fühle und handle liebevoll und konsequent.

> **Geliebt zu werden kann eine Strafe sein. Nicht wissen, ob man geliebt wird, ist Folter.**
> Robert Lembke

Kurzformel:

Ich lebe die Liebe und genieße den Augenblick. Ich öffne mich der Freude am Leben und liebe ohne große Worte.

Suggestion:

Mein Herz ist erfüllt von Liebe und Dankbarkeit. In jeder Minute meines Lebens lebe ich die Liebe. Ich bin gut zu mir und zu meinen Mitmenschen. Ich gebe und empfange das Gefühl der Geborgenheit. Ich bin ein Beispiel dafür, wie man liebevoll mit seinen Mitmenschen umgeht. Alles gelingt mir durch die unendliche Macht der Liebe. Ich liebe mich, und ich liebe alles, was mir begegnet.

Bildhafte Vorstellung:
Sehen Sie sich im Licht. Sehen und empfinden Sie sich erfüllt von Harmonie und Freude. Empfinden Sie das beglückende Gefühl, Liebe auszustrahlen. Stellen Sie sich die Sonne vor, die Sie durchleuchtet, so dass jede Zelle in Ihnen vibriert. Sehen Sie sich auch in schlimmsten Situationen liebevoll reagieren.

Liebe ist das Einzige, was nicht weniger wird, wenn wir es verschwenden.
Ricarda Huch

Ich lebe die Liebe

Tag	Gedankenkontrolle	Suggestion	Kurzformel	Gesamtbewertung
1.				
2.				
3.				
4.				
5.				
6.				
7.				
8.				
9.				
10.				
11.				
12.				
13.				
14.				
15.				
16.				
17.				
18.				
19.				
20.				
21.				

Ich bewerte meine geistige Arbeit täglich und verbessere mich dadurch.

Bewertungen: + mäßig ++ gut +++ sehr gut

Ausblick

Die Selbstverwirklichungsprogramme können Ihnen dazu dienen, neue Einsichten zu gewinnen und im Leben auf natürliche Weise erfolgreich werden. „Wie innen so außen", sagte Hermes Tresmegistos. Das „Außen" passt sich dem „Innen" an. Unsere Welt, wie wir sie erleben, ist ein Spiegelbild unserer inneren Welt. Wir brauchen daher „nur" unser inneres Programm nach unseren Wünschen auszurichten, und das „Außen" wird ihm folgen.

Lernen ist wie Rudern gegen den Strom; sobald man aufhört, treibt man zurück.
Benjamin Britten

Selbstverwirklichung heißt auch, das zu verwirklichen, was wirklich in uns steckt, kein Schein, kein zwanghaftes Ablenken. Je mehr wir uns bemühen, das zu tun, was unserem Selbst entspricht, desto mehr folgen wir dem natürlichen Lebensfluss und umso leichter haben wir Erfolg.
Ziel Ihrer Arbeit an sich selbst ist im besten Falle, immer ausgeglichener zu werden und positiv zu sein. Sie werden auch erfahren, dass sich in Ihrem Leben weniger Widerstände aufbauen. Dies hat zwei Gründe:

1. Sie haben Ihre Erkenntnis erweitert und denken aus einer anderen Perspektive.
2. Sie machen Schicksalsschläge überflüssig, weil Sie im „Sinne der Schöpfung" handeln.

Denken Sie immer daran, dass alles, was Ihnen begegnet, in irgendeiner Form von Ihnen angezogen wurde, entweder durch Ablehnung oder durch Notwendigkeit. So gesehen können wir alles, was passiert, gelassener hinnehmen. Wir können lernen, das Beste daraus machen, und sollten Fehler nicht wiederholen.

Falsche Selbstverwirklichung

Wer nur an spirituelle Entwicklung denkt, damit er von Schwierigkeiten verschont bleibt, wird eine schmerzliche Erfahrung machen. Er wird feststellen, dass er immer öfter Schwierigkeiten begegnet, wenn er versucht, ihnen nur auszuweichen, statt sie zu beseitigen.

Wer glaubt, ein „geistig Erwachter" unterliege keinen Prüfungen mehr, der irrt. Jeder Mensch muss seine Bestimmung erfüllen, und je weiter ein Mensch geistig fortgeschritten ist, umso anspruchsvoller werden diese Prüfungen.

Wer meditiert, um dem Ärger zu entfliehen oder geistig schneller voranzukommen, hindert sich selbst. Wer in dem Bewusstsein meditiert, seine Ruhe zu finden oder einen Weg zu Gott zu finden, der ist auf dem richtigen Weg.

Das Schicksal honoriert unsere Motivation. Das Motiv, das hinter einer Aktion steht, wird darüber entscheiden, ob das Ziel erreicht wird oder nicht. Bei allem, was wir tun, sollen wir bedenken, dass wir an unserem gegenwärtigen Platz in dieser Welt nur deshalb stehen, weil dieser für uns vorgesehen ist und weil die Lektionen für uns wichtig sind. Wir können nicht sagen: „Hätte ich doch ..." oder „Wäre ich doch ..." All diese Ausreden haben Gültigkeit, solange wir nicht die Verantwortung für uns übernehmen.

> **Die Menschen werden nicht durch die Dinge, die passieren, beunruhigt, sondern durch die Gedanken darüber.**
>
> Epiktet

Sorgen sind auf die Zukunft übertragene Ängste, die der Realität entbehren. Leben Sie im Jetzt, im Augenblick, dann haben Sie weniger Sorgen. Sicher, das ist einfacher gesagt als getan. Was passiert, wenn Sie gedanklich die Zukunft vorwegnehmen? Sie schaffen neue Ursachen. Wenn wir mit der Zukunft „spielen", sollte dies immer positiv und aufbauend sein, nicht auf Angst gegründet. Die Schöpfung kennt nur Fortschritt, keinen Stillstand.

Sorgen machen krank, sie schwächen den Körper. Sorgen können nur in Gedanken – in der Vorstellung – entstehen, und nur dort können sie auch abgebaut werden. Als ich 21 Jahre alt war und dauernd über mein Schicksal geklagt habe, mich benachteiligt fühlte, schenkte mir eine liebe Freundin in einem Brief ein Zitat:

„Ich weinte, weil ich keine Schuhe hatte,
bis ich jemanden sah, der keine Beine hatte."

Ich habe immer wieder an diesen Spruch gedacht, wann immer ich unzufrieden war. Ist es denn nicht so? Fehlt uns nicht die Aufmerksamkeit für die Dinge, die positiv sind? Denken wir nicht doch zu häufig an das, was uns fehlt, statt an das, was wir schon haben?

Wenn wir ständig an das denken, was wir nicht haben, beeinflussen wir das Unterbewusstsein immer mit einem Bild von Mangel. Es registriert den Mangel und verstärkt ihn, entsprechend Ihrer Motivation. Sie tun sich also nichts Gutes an, ständig mit dem Bewusstsein von Mangel zu leben, denn Sie ziehen ihn dadurch an.

Möchte jemand einen neuen Partner kennen lernen, ist aber schon öfter enttäuscht worden, darf er nicht die Enttäuschung als Maßstab nehmen, sondern das Ideal. Ansonsten konzentriert er seine Energie immer wieder auf einen Partner, den er eigentlich gar nicht akzeptiert. Vielmehr muss erkannt werden, dass jeder Mensch anders ist und man dem Schicksal die Chance geben muss, den Richtigen anzuziehen. Dabei soll das Bild des Unterbewusstseins aber nicht an schlechte Erfahrungen anknüpfen, sonst wiederholt sich die Geschichte. Die Erfahrung ist Vergangenheit, aus der wir gelernt haben sollten. Wenn wir uns fragen: „Warum ist mir das passiert?", dann können wir die Lösung finden und Konsequenzen ziehen.

> **Jeder, der aufhört zu lernen, ist alt,**
> **mag er zwanzig oder achtzig Jahre zählen.**
> **Jeder, der weiterlernt, ist jung,**
> **mag er zwanzig oder achtzig Jahre zählen.**
> Henry Ford

Wir müssen Altes loslassen und uns frei machen, bereit werden, das zu empfangen, was wir uns wünschen. Ablehnung und Verurteilung kommen als Bumerang auf uns zurück.

Am besten wäre es, Sie würden sich sofort darüber klar, was bei Ihnen schon alles „richtig" ist, worüber Sie sich freuen können. *Denken Sie daran: Worauf Sie Ihre Aufmerksamkeit richten, dorthin fließt Ihre Lebensenergie.* Machen Sie sich also bewusst, was schon alles gut ist. Nutzen Sie die Rezepte erfolgreicher Menschen wie Henry Ford. Er hatte in seinem Schreibtisch eine Liste mit zehn Gründen, warum er glücklich war. Es war bekannt, dass er jedes Mal, wenn er sich Sorgen machte, ob er etwas schaffen würde oder nicht, diese Liste angeschaut und festgestellt hat, wie viel schon in Ordnung war. Sobald er das Gefühl der Zufriedenheit wieder hatte, ging er an die Arbeit, um die Probleme zu lösen.

Denken Sie darüber nach, wofür Sie dankbar und glücklich sein können, und schreiben Sie Ihre zehn Gründe auf. Es müssen keine weltbewegenden Dinge sein. Vielleicht sind Sie glücklich, weil Sie den richtigen Partner haben, weil Sie gut verdienen oder weil Sie gesund sind, weil Sie ein Dach über dem Kopf oder nette Freunde haben. Vielleicht, weil Ihre Kinder gesund sind, weil Sie die Natur genießen können. Vielleicht sind es aber auch andere Kleinigkeiten, die Ihr Leben verschönern.

Sie finden sicher viele Dinge, wenn Sie richtig nachdenken. Ansonsten können Sie sich freuen, dass Sie sehen können, dass Sie laufen können, oder dass Sie in einer freien Welt leben. Zu viele Dinge werden als selbstverständlich angenommen, obwohl sie nicht selbstverständlich sind.

> **Glück ist Scharfsinn für Gelegenheiten und die Fähigkeit, die zu nutzen.**
> Sam Goldwyn

Zehn Gründe, warum ich glücklich bin

Notieren Sie sich diese zehn Punkte auf einem Zettel, den Sie immer bei sich tragen, am besten im Portmonee. Diese zehn Punkte sollten Sie immer dann lesen, wenn es ein Problem gibt, das Ihnen unlösbar erscheint, oder wenn Sie Schwierigkeiten haben, über die Sie sich ärgern. Lesen Sie dann die zehn Punkte nach und erfreuen Sie sich an den Dingen, die Sie glücklich machen. Sie können sich damit seelisch aufbauen und suggerieren dem Unterbewusstsein ein Bild der Fülle und Zufriedenheit. Damit lassen Sie Frust und Sorgen erst gar nicht entstehen. Sie werden dann plötzlich erkennen, wie viel sinnlose Sorgen wir uns machen. Sorgen, die eigentlich gar keine sind.

Wir „er-denken" uns unsere Sorgen oder Freuden. Wir haben ein Sicherheitsbedürfnis und wünschen uns, dass unser Wohlbefinden niemals eingeschränkt wird. Wir möchten das Gute festhalten, das Schlechte gar nicht wahrnehmen. Wir machen uns Sorgen, ob unsere Vorhaben gelingen, und programmieren damit schon den Misserfolg vor. Besser ist es, Freude entstehen zu lassen und seine Gedanken mit Positivem zu beschäftigen.

> **Die Fähigkeit, glücklich zu sein, befreit uns – zumindest größtenteils – von der Herrschaft äußerer Einflüsse.**
> R. L. Stevenson

Nutzen Sie die Entspannung und das mentale Training, sich weitestgehend von Sorgen und Grübeleien zu befreien. Vergegenwärtigen Sie sich die Situation zuerst im Verstand, bevor Sie sie programmieren. Eine gute Möglichkeit, sich von Sorgen zu befreien, ist die schriftliche Vorgehensweise. Siebenundneunzig Prozent der Sorgen, die wir uns machen, treffen nie ein.

Die Möglichkeit, Sorgen umzuwandeln

1. Formulieren Sie schriftlich, worin Ihre Sorgen bestehen. Was genau beunruhigt Sie und warum?
   Schreiben Sie den Ist-Zustand nieder:

2. Schreiben Sie nun auf, was schlimmstenfalls passieren könnte. Wie würde Ihr Leben weitergehen, was wäre anders? Malen Sie sich einmal die schlimmste Situation aus, wenn alles schief gehen würde:

3. Überlegen Sie sich für einen Moment, wie Ihr Leben unter den veränderten Bedingungen aussehen würde, und sagen Sie sich: „Na und, ich würde trotzdem leben, vielleicht unter erschwerten Bedingungen." Und sorgen Sie nun dafür, dass dieser Zustand nie eintritt.

4. Richten Sie jetzt wieder die Aufmerksamkeit auf das, was Sie sich wünschen. Was ist der Gegenpol der Angst? Was ist das erwünschte Ziel, was Sie wirklich wollen? Notieren Sie die positive Lösung:

5. Gehen Sie nun an die Arbeit und formulieren Sie Ihren erwünschten Endzustand in Wort und Bild. Machen Sie sich ein Programm und sorgen Sie dafür, dass der schlimmste Zustand gar keine Chance hat einzutreten.

6. Programmieren Sie Ihr Ziel mit Hilfe Ihres Unterbewusstseins. Diese Vorgehensweise ist vorwiegend für Menschen gedacht, die viel grübeln und „schlecht loslassen können". Sie sollte helfen, angstfrei zu werden und dem Verstand klar zu machen, dass es immer einen Ausweg gibt. Diese Methode hilft, Angst zu vertreiben, denn die Angst wird immer geringer, wenn Sie ihr mit dem Spruch begegnen: „Rechne mit dem Schlimmsten und erwarte das Beste!" Was ist damit gemeint? Es ist gemeint, dass es schlimm kommen kann; so könnten Sie jeden Tag beim Überqueren der Straße von einem Auto angefahren werden. Sie erwarten es aber nicht. „Damit rechnen" heißt vorbereitet zu sein und dafür zu sorgen, dass es nie eintritt. „Es erwarten" heißt Gefühle mit ins Geschehen zu bringen und es somit zu verursachen.

Die Macht der Disziplin

Mit dem Wort Disziplin werden häufig Verkrampfung, Druck, Beengung und Lehrmeistermethoden assoziiert. Ich aber meine mit Disziplin keinen Zwang, sondern Konzentration. In allen Lebensbereichen sind Konzentration und Disziplin erforderlich. Um sich zu ändern, ist Disziplin erforderlich. Dabei kommt es vorwiegend auf die kleinen, nicht auf die großen Anstrengungen an.

Alles im Leben besteht aus Kleinigkeiten. Ein Jahr besteht aus Monaten, Wochen, Tagen, Stunden, Minuten und Sekunden. Bemühen wir uns im Augenblick, Disziplin z. B. im Denken zu üben, dann tun wir das Beste für unsere Zukunft.

> Die eine Hälfte des Lebens ist Glück, die andere ist Disziplin – und die ist entscheidend, denn ohne Disziplin könnte man mit seinem Glück nichts anfangen.
>
> Carl Zuckmayer

Kleinigkeiten formen den Charakter. Wiederholte Gedanken werden zur Denkgewohnheit. Wiederholte Gesten und Verhaltensweisen werden im Unterbewusstsein gespeichert. Daher muss auch die Disziplin bei Kleinigkeiten beginnen. Zuerst bei der Gedankendisziplin, dann bei der Gefühlsdisziplin und natürlich auch bei der Disziplin im Handeln.

Erstellen Sie sich eine Vorgehensweise, die Sie akzeptieren können und die keinen inneren Widerstand aufbaut. Sie können Disziplin mit einem Programm während des mentalen Trainings wunderbar erreichen. Lassen Sie Disziplin selbstverständlich werden, eine Art liebe Gewohnheit. Nehmen Sie sich anfänglich Kleinigkeiten vor, die Sie diszipliniert ausführen. Sagen Sie niemandem etwas davon und beweisen Sie es nur sich selbst. Halten Sie sich überhaupt mit voreiligen Äußerungen zurück, denn allzu leicht werden Sie als unglaubwürdig abgestempelt, wenn Sie Ihr Ziel nicht in der gewünschten Zeit erreichen. Führen Sie durch Beispiel, damit andere das Ergebnis sehen – das ist viel eindrucksvoller als große Worte und kleine Taten.

Disziplinübungen

Disziplin im Denken

Beobachten Sie zuerst ein paar Minuten Ihre Gedanken. Fragen Sie sich dann: „Wollte ich das denken?" Weiten Sie diese Übung auf eine Stunde und schließlich einen Tag aus. Wenn Sie zwei bis drei Tage diszipliniert Ihre Gedanken kontrolliert haben, haben Sie eine neue Denkgewohnheit eingespeichert, und diese sitzt im Unterbewusstsein fest.

> **Der Erfolg besteht manchmal in der Kunst, das für sich zu behalten, was man nicht weiß.**
> Peter Ustinov

Disziplin im Sprechen

Achten Sie auf das, was Sie sagen. Erlauben Sie der Zunge niemals, schneller als der Verstand zu sein. Überlegen Sie bei allem, was Sie sagen, „Wie wirkt es auf den Betroffenen?" Wer zu viel spricht, kann nichts erfahren. Zuhören ist oftmals wichtiger. Seien Sie Herr Ihrer Worte.

Disziplin in der Bewegung

Betreiben Sie regelmäßig Fitness und Sport, damit Sie dem Körper das zukommen lassen, was er braucht. Achten Sie aber auch einmal auf Ihre gewohnte Gestik und Bewegungen. Wenn Sie unerwünschte Bewegungen gewohnheitsgemäß ausführen, sollten Sie diese ändern.

Disziplin im unterschwelligen Programmieren

Machen Sie es sich zur Gewohnheit, täglich mit Ihrem Unterbewusstsein in Kontakt zu sein. Loben Sie es, freuen Sie sich und vertiefen Sie den Kontakt von Tag zu Tag. Es ist Ihr Vorteil.

> **Wer nicht an sich arbeitet, an dem wird gearbeitet.**
> Kurt Tepperwein

Disziplin bei der Gestaltung Ihres Schicksals

Wann immer Sie glauben, dass Sie aufhören können, Ihr Leben bewusst zu gestalten, werden Sie erfahren, dass Sie vom Schicksal erneut gezwungen werden, an sich zu arbeiten.

Nie dürfen wir aufhören, das Richtige und das Rechte zu tun. Unablässig muss in unserem Bewusstsein neue Erkenntnis geschaffen werden. Stillstand ist Rückschritt!

Sie haben mit diesem Buch die Kraft Ihres Unterbewusstseins kennen gelernt. Wenn Sie regelmäßig weiterarbeiten, kann sich Ihr Leben grundlegend nach Ihren Wünschen ändern. Alle bedeutenden Menschen haben auf ihre Weise mentales Training praktiziert. Beschreiten auch Sie den Weg zum Erfolg durch gezielten Einsatz Ihrer inneren – nicht sichtbaren – Kräfte. Die Kraft des Unterbewusstseins ist so unendlich, dass auch viele Bücher nicht ausreichen, sie zu beschreiben. Erfahren Sie lieber an sich selbst, wie groß diese Kraft ist, und erleben Sie Ihre Wirkung. Beschreiten Sie den Weg zu neuem Glück und Wohlstand in Ausgeglichenheit. Nichts und niemand kann Sie hindern, glücklich zu sein, wenn Sie es wirklich wollen. Prüfungen des Schicksals werden Sie weiterbringen, wenn Sie sie annehmen. Sie sind der Schöpfer Ihres Lebens. Wenn Sie diese Verantwortung übernehmen, dann bereichern Sie sich und die ganze Menschheit. Sie tun das Beste für die Gesellschaft, wenn Sie mit sich in Einklang sind und als leuchtendes Beispiel vorangehen. Sie sind einmalig, Ihre Seele hat diesen Platz und diesen Körper gewählt, damit sie sich entwickeln kann. Nehmen Sie diese Chance an und schreiten Sie dem natürlichen Erfolg entgegen.
Ich wünsche Ihnen dabei alles erdenklich Gute und Gottes Segen!

Liebe Leser,
wenn Sie das Buch durchgearbeitet haben und schon aktiv an die Umsetzung gegangen sind, würde ich mich freuen, von Ihnen Feedback zu bekommen. Schreiben Sie mir und teilen Sie mir Anregungen, Kritik oder Wünsche mit.
Wenn Sie Auskünfte über unsere Seminare haben möchten, können Sie diese über die unten aufgeführte Anschrift erhalten.

ANTONY FEDRIGOTTI
ERFOLGSSTRATEGIEN
Steinerne Furt 78
86167 Augsburg
Tel.: 08 21 / 74 99 358
Fax: 08 21 / 74 99 360
www.fedrigotti.de
info@fedrigotti.de

Literaturhinweise

Czierwitzki, Manfred: Positives Denken gezielt einsetzen und sein Leben verändern – das POSITIV-System. München/Landsberg am Lech, mvg-verlag 1995

Fedrigotti, Antony: Zum Erfolg geboren. Augsburg, Axent-Verlag 2000

Fedrigotti, Antony: 30 Minuten für erfolgreiche Stressbewältigung. Offenbach, Gabal-Verlag 2000

Hill, Napoleon: Denke nach und werde reich. Genf, Ariston-Verlag 1984

Mewes, Wolfgang: Die kybernetische Managementlehre (EKS). Frankfurt, Mewes-Verlag 1971

Murphy, Joseph: Die Macht des Unterbewußtseins. Genf, Ariston-Verlag 1986

Tepperwein, Kurt: Die Botschaft Deines Körpers – Die Sprache der Organe. München/Landsberg am Lech, mvg-verlag 1995

Tepperwein, Kurt: Die hohe Schule der Hypnose. Genf, Ariston-Verlag 1977

Z

ANTONY
FEDRIGOTTI
ERFOLGSSTRATEGIEN

Die Macht der Gedanken ist für Antony Fedrigotti mehr als eine Erfolgsmethode. Er weiß um das großartige Potenzial des Menschen, wenn er seine mentalen und körperlichen Kräfte in Einklang zu bringen vermag.

Der Autor suchte schon früh nach Antworten auf die Frage: „Warum gelingt manchen Menschen alles leicht, während andere unendlich viel dafür kämpfen müssen?" Er hat verschiedenste Erfolgsphilosophien und Erfolgsstrategien erforscht und in der Praxis erprobt. Seit 1986 beschäftigt er sich eingehend mit Verhaltens- und Persönlichkeitsstrukturen.

TRAININGS und SEMINARE

Antony Fedrigotti berät Unternehmen, coacht Führungskräfte, führt Trainings in namhaften Firmen durch und bietet Seminare an für alle, die an sich und ihrem Erfolgsweg arbeiten wollen.
Er ist Spezialist für:

ESR®-Training: Kommunikation und Persönlichkeit
Menschenkenntnis, Denk- und Verhaltensmuster, ESR®-Strukturanalyse, private und berufliche Weiterentwicklung, Kommunikation, Umgang mit Mitarbeitern, Vorgesetzten und in partnerschaftlichen Beziehungen

NO LIMITS – Mentale Erfolgsstrategien
Intuitionsstrategien, Suggestionskraft, „Mind-Control", mentale und körperliche Entspannung, die Macht des Unterbewusstseins, Memotechniken

Strategisches Selbstmanagement
Problemstrukturen, konstruktive und destruktive Glaubenssätze, Ziele, Wünsche und Begrenzungen, „13-Wochen-Methode", Konfliktmanagement

PowerThinking – Mut zum Erfolg
Selbstbild und Fremdbild, die Macht der Worte, Vision und Selbstmotivation

Antony Fedrigotti ist
im Trainerteam von

JÖRG LÖHR
ERFOLGSTRAINING

Steinerne Furt 78 • 86167 Augsburg
Tel: 0821/ 749 93 58 • Fax: 749 93 60

www.fedrigotti.de

ESR®-Training: Kommunikation und Persönlichkeit

Es genügt nicht, Fähigkeiten zu haben, man muss sie auch nutzen. Antony Fedrigotti entwickelte das ESR®-Persönlichkeitstraining als Methode, die eigenen Fähigkeiten zu erkennen. In dieser Analyse erfahren Sie Ihre angeborenen und erlernten Stärken, wie Sie auf Menschen wirken und wie Sie optimale Kommunikation zu anderen Menschen aufbauen. Das ESR®-Training ist besonders geeignet für alle, die an sich arbeiten, ihre Fähigkeiten bewusst einsetzen wollen. Es ist eine Basis für Menschen, die im Leben mehr erreichen möchten, und für erfahrene Teilnehmer und Seminarneulinge gleichermaßen geeignet. Jeder Teilnehmer erarbeitet eine sichtbare Darstellung seines Stärkenprofils und erfährt dadurch die Möglichkeiten des optimalen Umgangs.

Führungskräfte wenden die Erkenntnisse aus dem ESR®-Training an, um Mitarbeiter individuell zu führen, denn jeder Mensch hat seine eigene innere Motivationsstrategie. Alle gleich zu führen bedeutet nur einen Teil der Ressourcen zu nutzen. Führungskräfte setzen das Wissen in der Teambildung, in Konfliktlösungen und Coachinggesprächen ein.

Ein **Verkäufer** nutzt die ESR®-Kenntnisse, um seine Kunden besser zu erreichen. Über 80 % der Kaufentscheidungen werden emotional getroffen. Ein exzellenter Verkäufer kennt seine eigene Persönlichkeitsstruktur, er weiß, wie er wirkt, wie er Kunden gewinnt und dort abholen kann, wo sie stehen. Ein guter Verkäufer macht Kunden zu Dauerkunden und Reklamationen zu neuen Aufträgen.

Mitarbeiter nutzen die ESR®-Kenntnisse, um ihre Karriere zu planen. Sie kennen die Strukturen der Menschen und wissen, was dem Einzelnen wichtig ist, ob Kunde oder Führungskraft, ob Kollege oder Bewerber. So sind sie in der Lage, stets ihr Bestes zu geben. Sie setzen ihre Kompetenzen zielgerichtet zum Wohle aller ein und gewinnen dadurch auf ganzer Linie.

Eltern werden durch die ESR®-Kenntnisse in die Lage versetzt, ihre Kinder individuell zu erziehen. Sie erkennen die Stärken der Kinder und fördern diese ganz gezielt. Sie unterstützen das Erwachsenwerden, fördern individuelle Stärken und schaffen so für die Gesellschaft wertvolle Menschen von morgen.

Ehepaare nutzen das Wissen, um gemeinsam mehr zu erreichen. Unterschiedliche Strukturen in der Partnerschaft können das Leben wunderbar bereichern, wenn die Stärken klar sind. Sie nutzen die Verschiedenartigkeit zum gemeinsamen Wachstum und Wohl.

Seminarinhalt: 1-Tages-Training

- Erfolg als logische Folge
- Das persönliche Stärkenprofil
- So aktivieren Sie Ihre eigenen Stärken
- Schwäche ist nicht gleich Schwäche
- So stärken Sie Ihre Stärken
- Selbstbewusstsein natürlich leben
- Menschenkenntnis und Selbsterkenntnis
- So gewinne ich andere Menschen
- Von der Verzettelung zur Konzentration
- Optimale Mitarbeiterführung und Teamarbeit
- Vom Problemdenken zum Lösungsdenken
- Signale der Menschenkenntnis